열린다!
사도행전

| 한재현 지음 |

쿰란출판사

열린다!
사도행전

여/는/글

미국 캘리포니아의 패서디나(Pasadena)에 위치한 풀러신학교에서 공부하던 2000년 전후쯤에, 사도행전을 공부하면서 언젠가는 설교집 혹은 해설집을 출판하겠다는 생각을 품었습니다.

5년 전쯤에 선교지에서 사역하던 중에 하나님께서 책을 출판하라는 감동을 주셨습니다. 해 아래 새것이 없다는 생각에 차일피일 미루던 중이었지만, 이제야 겸손하게 순종합니다. 몬트레이 바닷가 작은 마을에서 소수의 성도들과 나누었던 말씀을, 하나님을 사모하는 영혼들과 나누라는 주님의 명령을 따르며 세상에 이 책을 내놓습니다.

이 책이 성령을 갈망하는 성도님들, 사도행전을 연구하는 신학도, 그리고 묵상과 인사이트를 얻기 원하시는 설교자들에게 많은 도움이 되기를 바랍니다.

나를 주의 종으로 택하시고, 때를 따라 은혜 주시며 인도해주신 하나님께 감사와 영광을 돌립니다.

또 주님 나라를 위해 자신을 희생하며 동역해 준 나의 아내 한혜숙 님, 중학교 2학년 때부터 주일학교 교사로 섬겼고, 이제는 자비량 선교사로 자랑스럽게 섬기는 Esther와 사위인 Yubo에게도 감사의 마음을 전합니다. 교회의 열악한 환경 속에서, 아버지의 설교를 이해하지 못하면서도 그의 누나처럼 주일학교 교사로 책임을 다했고, 지금은 예비 수의사로 자란 아들, Chris에게도 감사를 표합니다.

아울러 내가 낙심하지 않도록 격려해주고 기도로 동역해주신 300 중보 용사님들, 캘리포니아 개혁신학교 선후배 교수님들, OMF 선교회 동역자님들, 그리고 북가주 노회 목사님들께 깊은 감사를 드립니다.

《열린다! 사도행전》을 통해서 우리의 가슴이 뜨거워지고 성령의 강한 임재와 비전이 나타나길 기대합니다.

2023년 초여름

한재현

목/차

여는 글 _ 4

1장 | 사도행전의 구조와 분석

1. 하나님 나라(행 1:1-3) 13
2. 성령을 갈망하라(행 1:4-8) 22
3. 예수님의 증인(행 1:8) 32
4. 기도하는 공동체(행 1:12-14) 39
5. 오순절 성령 충만(행 2:1-4) 47
6. 초대교회 생활(행 2:42-47) 60
7. 예수의 이름으로 일어나라(행 3:1-10) 70
8. 아나니아와 삽비라 사건(행 5:1-11) 80
9. 베드로의 감옥 탈출(행 5:17-32) 90
10. 예루살렘 교회의 문제 해결(행 6:1-7) 99
11. 하나님의 사람, 모세(행 7:20-36; 출 2:11-14) 111
12. 순교자 스데반의 영성(행 7:54-60, 8:1) 119
13. 전도자 빌립(행 8:4-8, 26-31) 126

2장 | 선교를 주도하는 성령, 기도와 선교의 관계

1. 부활하신 예수님을 만난 사울(행 9:1-9) **140**
2. 성령이 주시는 새로운 패러다임(행 11:12-18, 10-11장) **147**
3. 안디옥 교회의 바나바(행 11:22-26) **156**
4. 생명까지 주님께 맡기는 베드로의 믿음(행 12:1-12) **162**
5. 성령께 순종하는 안디옥 교회(행 13:1-12) **168**
6. 하나님 나라를 위한 환난(hardship)(행 14:19-23) **175**

3장 | 문화를 뛰어넘는 복음

1. 복음의 자유함: 세계선교의 전환점(행 15:1-11) **188**

2. 선교사가 되기 전에 먼저 예배자가 돼라(행 16:6-15) **196**

4장 | 거침없는 복음 전파 – 로마를 향하여

1. 주 예수를 믿는다는 것은?(행 16:25–31) **206**

2. 아덴에서 바울(행 17:22–31) **216**

3. 말씀에 반응한 아굴라와 브리스길라(행 18:1–3) **225**

4. 침묵하지 말고 말하라(고린도 사역)(행 18:5–11) **233**

5. 바울이 전한 하나님 나라, 선포의 결과(행 19:8–20) **242**

6. 예배 가운데 생명과 위로를 주시는 하나님(행 20:7–12) **252**

7. 인생의 폭풍이 몰려올 때(행 27:9–25) **258**

8. 하나님의 섭리(행 28:1–6) **268**

9. 계속되는 사도행전: 복음의 거침없는 전진(행 28:30–31) **276**

주요 참고문헌 _ 283

제1장

사도행전의 구조와 분석

사도행전을 이해하기 위해서는 먼저 구조를 분석하고 이해해야 합니다. 2중 구조와 3중 구조로 간략히 분석하고 설명할 수 있습니다.

2중 구조

이 구조는 사도행전의 내용을 베드로와 바울 두 인물을 중심으로 전개합니다. 전반부에서는 '베드로 행전'(2-12장)을 기록하고, 후반부에서는 '바울 행전'(13-28장)을 중심으로 기록합니다.

3중 구조

이 구조는 지리적으로 세 부분으로 나누어 기록합니다. 사도행전 1장 8절은 지리적 확대의 구조를 잘 요약하고 설명합니다. 사도행전은 복음이 예루살렘에서, 온 유대와 사마리아로 전파되고, 마침내 땅끝까지 전파되는 지리적 확장을 중심으로 설명합니다. 많은 성경 학자들이 사도행전 1장 8절을 '사도행전 내용의 요약'으로 설명합니다.

(1) 예루살렘에서의 활동(1:6-8:1)
(2) 온 유대와 사마리아에서의 활동(8:2-11:18)
(3) 땅끝(=로마)까지의 활동(11:19-28:31)

(참조: 김득중, 《사도행전 연구》, 30-32쪽)

이 책에서는 사도행전 1장 8절을 중심으로 예루살렘에서부터 온 유대로, 그리고 땅끝까지 복음이 거침없이 전파되는 내용을 설명하려고 합니다.

01

하나님 나라

●

행 1:1–3

사도행전은 먼저 쓴 글(누가복음)에 대한 짧은 멘트로 시작합니다(1-3절). 그리고 곧바로 승천하시던 날에 대해 말씀합니다. 예수님은 40일 동안 활동하시다가 승천하셨는데, 이 기간 동안 예수님은 제자들에게 자신의 부활을 친히 보여주시며 증명하셨고, 하나님 나라에 대해 가르쳐 주셨습니다(3절).

그러면 하나님 나라는 무엇인가요? 여러분은 어떤 비전을 가지고 계시나요?

*** '윌버포스'의 비전을 소개합니다. 18세기 영국이 부유하게 살던 때, 한 소년이 꿈을 꿉니다. 그리고 그는 캠브리지대학교를 졸업합니다. 그의 꿈은 국회의원이었습니다. 21세의 나이에 최연소 국회의원이 됩니다. 당시 노예를 사고 팔던 시대였습니다. 그 소년의 눈에 보이는 것은 팔리는 노예, 그리고 죽임당

하는 노예였습니다. 그는 또 다른 꿈을 꿉니다. 노예제도의 폐지였습니다. 마침내 그는 1833년 영국 전역에 노예제도의 폐지를 이루었습니다.

그가 노예제도 폐지를 위해 포기한 것이 있습니다. 정치적 지위와 풍요로운 삶입니다. 그는 말합니다. "나는 내 앞에 빛나는 정치적 지위보다 내 마음속에 빛나는 하나님을 원하고 있다."[1] 이 꿈은 미국의 에이브러햄 링컨에게 영향을 주었고, 마틴 루터 킹에게로 이어집니다. 그리고 마침내 미국에서 버락 오바마 흑인 대통령이 나왔습니다.

예수님의 비전 – '하나님 나라'

예수님의 비전은 무엇일까요? 본문을 통하여 발견합니다.

1) 예수님의 비전은 '하나님 나라'(Kingdom of God)가 온전히 임하게 하는 것입니다. 그것은 바로 예수님의 사역의 핵심이었습니다.

사도행전 1장에서 누가복음 전체를 단 3절로 요약하고 있습니다. 1-2절을 보면, "데오빌로여(로마의 관원-1차 수신자, 당시 교회와 오늘의 우리 - 2차 수신자) 내가 먼저 쓴 글(누가복음)에는 무릇 예수께서 행하시며 가르치시기를 시작하심부터 그가 택하신 사도들에게 성령으로 명하시고 승천하신 날까지의 일을 기록하였노라"고 합니다. 누가는 예수님의 공생애 사역에서 **행하심과 가르치심을 기록했다고 합니다.**

---

1) 영화 〈어메이징 그레이스〉 중

3절에서는 예수님의 부활과 Kingdom of God, 하나님 나라를 강조하고 있습니다.

그러면 **예수님의 행하심**(doing)은 무엇일까요? 마태는 예수님의 사역을 가르침, 천국 복음 전파, 병 고침(teaching/preaching/healing)의 3중 사역으로 설명합니다(마 4:23, 9:35). 주님은 사역을 통하여 하나님 나라의 임함을 보여 주신 것입니다. 예수님의 십자가와 죽음과 부활은 하나님 나라의 성취였습니다. 그리고 예수님이 제자들에게 기도하며 기다리라고 말했던 성령의 임함은 하나님 나라가 임했다는 증거였습니다.

예수님의 가르침은 하나님 나라에 집중되어 있습니다. 산상수훈은 하나님 나라 백성들의 삶을 가르쳐 줍니다(마 5-7장). 주기도문(Thy kingdom come!)은 하나님 나라 백성의 기도문입니다. 마태복음 6장 33절에서 "너희는 먼저 그의 나라와 그의 의를 구하라 그리하면 이 모든 것을 너희에게 더하시리라"고 말씀합니다.

성도는 하나님의 나라와 그의 의를 우선적으로 선택하는 삶을 살아야 합니다. 천국을 쟁취하는 일, 즉 주님이 기뻐하시는 신앙생활하기를 우선적으로 선택합시다. 하나님 나라에 우선순위를 두고 살아야 합니다. 그것이 가치 있는 삶입니다. 성경은 예수님의 부활 후 사역도 하나님 나라에 대해 가르치고 행하셨다고 설명합니다(행 1:3). 하나님 나라는 헬라어로 '헤 바실레이아 투 데우'(ἡ βασιλεία τοῦ θεοῦ)입니다. '바실레이아'(βασιλεία)는 '나라-다스림'이란 뜻입니다.

하나님 나라의 핵심은 하나님의 다스림이 이루어지는 곳입니다. 하나님 나라 본질은 하나님이 다스리는 상태와 영역을 포함합니다.

내 마음에 하나님이 다스리시면 내 마음에 천국이 임한 것입니다. 내 가정에 하나님이 다스리시면 가정이 천국이 됩니다. 교회에 하나님이 다스리시면 교회가 천국이 됩니다. 하나님의 나라는 말에 있지 않고 능력에 있습니다(고전 4:20). 우리의 마음이 사랑, 평화, 기쁨, 거룩의 능력으로 충만하길 바랍니다.

2) 하나님 나라의 특징

첫째, 'already but, not yet'입니다. 벌써 임했으나, 아직은 완전히 임한 것이 아니라는 이야기입니다. 완전한 하나님 나라는 영원한 하나님께서 통치하시고, 천상에서 이루어집니다. 우리가 앞으로 가서 주님의 다스림을 받으며 영원히 살 곳이 천국이요, 완전한 하나님 나라입니다.

벌써(already) 임했다는 것은 무엇일까요? 예수님을 나의 구주요, 주인으로 영접한 우리는 생명을 얻었습니다. 지금 우리 마음에서 주님은 우리를 다스리십니다. 그러나 아직은 완전히 다스림을 받지 못합니다. 현실 속에서 죄의 유혹도 받습니다. 죄를 짓습니다. 미워하기도 합니다. 완전히 주님의 다스림을 받지는 못하고 있습니다. 주님께 완전히 순종하지 못하고 있습니다.

하나님 나라를 경험한 우리의 비전은 무엇이 되어야 할까요? 하나님 나라가 확장되도록 기도합니다. 예수님 때문에 사람들이 교회에 발을 들이면, 예수님을 만나고, 풍요로운 삶을 살고, 참 자유함을 누리고, 절망에서 소망을 회복하고, 질병의 치유를 얻고, 사랑의 나눔이 있길 기도합니다. "우리의 강력한 기도에 이끌려 주변 사람들이 예수 믿게 하소서!" 하고 기도하게 됩니다. 그리고 삶의 변화(lifechange)가 일어나길 기도합니다.

둘째, 하나님 나라는 놀라운 확장력이 있습니다(마 13장). **누룩과 같습니다.** 아주 작은 겨자씨가 잎이 무성한 큰 나무로 자라는 것과 같습니다. 새들이 깃드는 것과 같습니다. 30배, 60배, 100배의 결실을 이룹니다.

*** 1994년, 르완다에서는 내전으로 수백만 명이 인종 청소 등의 이유로 죽었습니다. 우물에 몇백 명씩 시신이 던져져서 쌓여 있었습니다. 내전을 취재차 갔던 한 기자가 그곳에서 하나님의 부름심을 듣고 1994년 '월드미션 프론티어' 선교회를 조직하고 지금까지 섬기고 있습니다. 그는 김평육 선교사입니다.

20년 동안 주위 나라 5개 국가에 사역의 지경을 넓히고, 신학교를 세우고, 지도자를 유학시키고, 교회를 개척하고, 병원사역, 빅토리아 호수 병원선 사역, 고아 사역, 미망인 사역, 새마을 운동 사역을 아름답게 이루어가고 있습니다. 하나님께 30년을 감사하며 예배드렸습니다.

그렇습니다. 하나님 나라는 확장력이 있습니다. 하나님의 다스림이 있는 곳은 평화와 거룩이 나타나고 놀라운 확장력이 있습니다. 특히 가난한 영혼들이 더 복음을 잘 받아들입니다. 너무 풍족한 것은 축복이 아니라 오히려 저주일 수 있습니다.

우리가 사는 이곳에서 하나님 나라의 기적들이 일어나길 원합니다. 하나님의 통치가 우리 각자에게 일어나길 바랍니다. 30배, 60배,

100배의 열매가 맺어지길 꿈꿉니다. "교회에 빈 자리가 없도록, 한 영혼 한 영혼을 구원하소서!" 이것이 우리의 기도가 되어야 합니다. 복음의 영향을 주는 교회, 말이 아니라 능력으로 섬기는 한국교회가 되길 꿈꿉니다.

우리에게는 각자 괴로워하는 현실의 문제들이 많이 있습니다. 그 문제들을 안고 살아가고 있습니다. 그 문제를 부활신앙과 복음의 능력으로 깨뜨리길 바랍니다. 예수 보혈의 능력으로 용광로에 녹여 버리시길 축원합니다.

셋째, 12제자의 비전–하나님 나라.

제자들의 비전도 하나님의 나라였습니다. 그리고 사도들은 대가를 지불했습니다. 예수님은 하나님 나라 비전을 이루시기 위해 몸소 희생하셨습니다. 십자가를 지셨습니다. 그리고 제자들에게 비전을 심어주셨습니다. 열두 제자들은 하나님 나라의 비전을 소유했고, 그 일을 이루기 위해 생명까지도 바쳤습니다.

바울은 갈라디아 교인들에게 이렇게 말합니다.

> "누구든지 나를 괴롭게 하지 말라 내가 **내 몸에 예수의 흔적**을 지니고 있노라"(갈 6:17).

이 말은 바울이 예수님의 문신을 새겼다는 말이 아닙니다. 마음속에 예수님을 모셨다는 말도 아닙니다. 예수님이 하나님 나라를 이루시기 위해 십자가를 지신 것처럼, 바울도 십자가의 길을 가면서 몸이 만신창이가 되어 골병이 들었다는 것입니다. '바울의 **골병신**

학?'을 연구해볼 가치가 있습니다.

하나님 나라를 위해 추운 데서 자고, 배고프고, 매맞고, 폭풍에 고통당할 때, 바울은 원래 건강했던 사람이지만 그의 몸에 고난의 흔적이 생긴 것입니다. 하나같이 예수님의 제자들은 이런 삶을 살았습니다. 그들에게는 '하나님 나라'라는 비전이 있었습니다. 그래서 "지금의 고난은 장차 올 영원한 영광과 족히 비교할 수 없도다"라고 바울은 고백합니다.

베드로에게 부활의 주님이 찾아오셨습니다. "네가 나를 사랑하느냐" 물으십니다. "주여 내가 주를 사랑합니다. 주님이 아십니다." 베드로는 재헌신을 합니다. 그리고 후에 로마에서 주님을 위해 거꾸로 십자가에 못 박힙니다.

도마는 손에 못자국을 보고 옆구리에 창자국을 만져보지 않고는 믿지 못하겠다고 했습니다. 그러나 주님은 "보고 믿는 자보다 보지 않고 믿는 자가 복되다"라고 하셨습니다. 도마는 인도 남단에까지 가서 복음을 전하고 목베임을 당해 죽었다고 합니다.

12제자, 120명 성도들을 통하여, 당시 세계의 0.001%도 안 되던 기독교인들이 이제는 수십억 명이 되어 예수를 믿게 되었습니다. 예수님의 비전은 하나님 나라였습니다. 하나님 나라가 우리의 비전이 되어야 합니다. 우리 삶의 목적이 되어야 합니다. "하나님, 나를 통치하소서! 내 생각을 바꾸소서. 내 행동을 바꿔주소서. 참 헌신자가 되게 하소서." 주님은 오늘 우리에게 재헌신을 요구하십니다.

멀리 가서 선교하실 생각을 하면 힘들겠죠? 외국 가서 하기 전에 내 삶의 현장에서 사람들로 하여금 내 삶에 매력을 느끼게 하십시오. 멀리 가서 복음 전하기 이전에 내 마음에, 내 이웃, 내 친구에게 하나님의 통치가 임하도록 기도하고 복음을 전합시다.

> *** 저희와 함께 교제했던 자매님이 있었는데, 미국의 교사직을 그만두고 남편을 따라서 미얀마, 라오스에 갔습니다. 남편은 아직 예수님을 영접하지 않았습니다. 그 자매님의 아들은 정신적으로 발달이 느린 장애인입니다. 의사의 잘못으로 뇌 손상을 입었습니다. 아주 착한 아이입니다. 예수님을 사랑하는 아이입니다.
>
> 그녀는 이 십자가를 지고, 미얀마의 국제사립학교에서 영어교사를 하면서 가족을 부양합니다. 주변 사람들 모두가 불교인들이고 교회도 없습니다. 이곳에서는 자신의 믿음을 지키는 것도 쉽지 않습니다. 하루는 가정부와 아이를 봐주는 베이비시터에게 복음을 전했더니 말도 없이 그만둬 버립니다.
>
> 그녀가 말씀을 묵상하고 기도하면서 성경공부 클럽을 만들어 복음을 전하려고 하면 사탄의 공격이 너무 강합니다. 그래서 이를 위해 중보기도를 해달라고 간절히 부탁합니다. 미국에서 마셨던 커피 한 잔이 너무 그립다고 합니다.

사랑하는 여러분, 커피 한 잔 마시면서 하나님께 감사하고 즐거워합니까? 교회에 나와서 예배드리고, 영적인 충전을 할 수 있게 하신 하나님께 감사하시나요?

결론 | 예수님 사역의 핵심은 하나님 나라, 천국이었습니다. 그분의 가르침의 주제도 '하나님 나라'였습니다. 우리는 **지금 이곳에서**(now and here) 하나님의 다스리심을 받기를 열망해야 합니다. 성령의 음성에 민감하시고, 인도하심에 순종하십시오. 예수님의 비전은 하나님 나라가 이 땅에 임하는 것입니다. 모든 족속에게 임하는 것입니다.

그것은 12제자의 비전이었고, 120명 성도들의 비전이었습니다. 이제 하나님 나라 확장은 우리 공동체의 비전이 되어야 합니다. 우리의 삶 가운데 하나님의 통치와 능력이 임하시길 바랍니다. 그리고 "주님, 내가 여기 있사오니 나를 써 주시옵소서!" 하고 고백할 수 있길 바랍니다.

기도 | 살아계신 하나님, 지금 이곳에서 나를 온전히 다스려 주시고, 열방으로 하나님의 다스림이 확장되게 하소서. 예수 그리스도의 이름으로 기도드립니다. 아멘.

02

성령을 갈망하라

행 1:4-8

기독교 진리 가운데 Master Key는 성령입니다. 이것은 신비입니다. 하나님의 영이신 성령이 내 마음에 들어오셔서 나를 이끌어 주시는 것입니다. 예수님을 나의 구주로 믿고 받아들일 때, 믿게 도와주시는 분도 성령이시고, 예수님을 마음에 모실 때도 관념이 아니라 실재이신 그리스도의 영이 우리 몸에 들어오셔서 거하시는 것입니다. 성령이 우리 안에 오시는 것입니다. 그래서 우리의 몸은 '성령의 전'(holy temple)이 되는 것입니다. 신앙생활의 문으로 들어가기 위해서 Master Key를 붙들고 예수를 믿으십시오.

예수님의 제자들은 함께 자고, 함께 먹고, 함께 공부하고 3년을 주님과 함께했습니다. 그런데 예수님은 말씀하십니다. "그것 가지고는 안 된다." 아직 부족하다는 것입니다. 베드로와 제자들은 예수님과 3년 동안 동고동락하며 특수 훈련을 받았습니다. 예수님의 십자가 지심도 보았고, 부활하신 주님도 보았고, 승천하시는 예수님도 보았지만 그들은 아직 아무 일도 못했습니다(nothing). 설교도 못했고, 복음을 전하지도 못했습니다.

그들이 언제 변화되었습니까? 역사적 사건, 오순절 날 성령이 임하신 후에 변화되었습니다. 8절 "you will receive power when the Holy Spirit comes on you; and you will be my witnesses⋯." 주님의 제자들은 성령 세례를 받고 성령의 충만을 받은 후에 담대함을 소유하게 되었고, 예수 부활의 증인이 되었습니다. 예수님 말씀대로였습니다.

4절을 보면, 예수님께서 구름을 타고 하늘로 올라가십니다. 마지막 유언을 하십니다. "예루살렘을 떠나지 말라"고 하십니다. 주님은 "약속하신 것을 기다리라"고 말씀하십니다. 약속하신 것이 무엇입니까? 성령입니다. 성령이 오심은 약속의 성취입니다. "너희는 몇 날이 못 되어 성령으로 세례를 받으리라"(5절). 성령의 강력한 부으심을 경험한다는 것입니다.

> "오직 성령이 너희에게 임하시면 너희가 권능을 받고 예루살렘과 온 유대와 사마리아와 땅끝까지 이르러 내 증인이 되리라 하시니라"(행 1:8).

1) 능력 있는 그리스도인이 되고 싶다면 성령을 갈망하라

(1) 성령 받음에 대한 잘못된 편견들

첫째, 건전한 교회는 말씀을 강조하고 성령을 강조하지 않는다는 편견입니다. 저는 목사의 가정에서 자랐습니다. 보수 장로교단에서 자라면서 예배 시간에 박수를 치는 것은 불경건하다고 들으면서 자랐습니다. 성령의 능력, 은사를 말하는 것은 오순절 교회나 이단 교회에서 주장하는 이야기이고, 건전한 장로교회는 그런 말을 하지 않는다고 생각했습니다. 오히려 성령 받기를 사모하고, 방언을 말하는 것은 극단주의자나 하는 이야기인 줄 알았습니다.

그러나 예수님은 부활하신 후에 "성령을 받으라"고 강조하십니다. 저는 잘못된 지식을 깨고 성령 받기를 사모했고, 성령 체험을 한 후에 나의 믿음 생활은 차원이 다른 신앙 생활을 경험하였습니다. 가끔씩 "하나님은 정말 계실까?", "하나님이 천지를 창조하셨을까?" 하는 생각이 몰려왔습니다. 하지만 이런 문제들이 성령의 기름 부으심을 경험한 후에 완전히 해결되었습니다.

둘째, 성령을 강하게 받으면 광신자가 된다는 편견입니다. 그렇지 않습니다. 성령의 체험이 없는 것이 문제지, 성령을 강하게 받는 것은 가문의 영광입니다. 성령의 열매를 맺습니다. 세상이 알지 못하는 평화와 거룩과 기쁨을 얻습니다. 성령은 하늘의 지혜와 건강과 능력을 우리에게 주십니다. 세상 사람들이 하고 싶어도 못하는 칭송하는 그 일을 기쁨으로 하게 되는 것입니다. 성령은 모든 것 가운데 최고입니다(눅 11:13).

성령 안에는 모든 것이 구비되어 있습니다. 내 영이 살아납니다. 구약 에스겔서 37장을 보면, 에스겔 골짜기에 죽어 있던 **마른 뼈들에게 생기가** 들어갈 때, 힘줄, 살, 가죽이 덮이고 군대가 되었습니다. 그 생기는 바로 성령을 가리킵니다. 영적으로 죽은 영혼에게 성령이 임하면 생명을 얻게 되는 것입니다.

2) 성령 충만(성령의 강한 기름 부으심)을 체험하려면?

⑴ 갈망하십시오(사모, 열망, yearning)

성령 체험은 특별한 사람만 하는 것이 아닙니다. 특별한 사람만 성령을 체험한다는 생각은 마귀에게 속는 일입니다. 예배만 전심으로 드려도 성령을 체험할 수 있습니다. 오늘 말씀을 들으시면서 "성령님! 오시옵소서, 내 마음에 충만히 임하시옵소서, 기름부어 주소서" 하고 간절히 구하십시오. 믿음의 확신이 없는 분은 "아버지! 성령세례를 허락하소서" 하고 성령님을 간절히 사모하시기 바랍니다.

운전 중에도 기도하시고, 집에 가시면서도 기도하시고, 밤에 주무시다가도 생각나시면 "성령이여 역사하소서" 하고 기도하시기 바랍니다. 이런 사람에게 성령이 임하십니다. **내 영혼의 깊은 갈망이 있어야 합니다.** 갈망하는 우리에게 성령님이 강력하게 임하시길 기대합니다. 이 시간에 임할지, 오늘 저녁에 기도하다가 임할지 모릅니다. 그러니 간절히 간구해서 반드시 성령 체험을 하시길 바랍니다.

*** 키신 트레이드 목사님이 계십니다. 그분은 유대인으로 하버드를 졸업하셨는데, 이 목사님이 성령 체험을 하셨습니다. 그분은 집회를 하면 성령님 이야기만 하시는 분입니다. 그가 성령 체험을 한 계기가 있었습니다. 자기가 인정하지 않는 목사님이 자꾸 성령을 받으라고 말하여서, "자기도 목사, 나도 목사 저보다는 내가 더 똑똑한데 뭘 가르쳐, 자존심 상하게!" 그랬던 분입니다. 그러던 어느 날 이 목사님이 자다가 잠이 안 와서 성경을 읽다가 성령을 체험하였습니다. 그가 말합니다. "성령은 내

가 미워하는 사람을 통해서도 역사하신다."

주로 지성적인 분들이 성령을 체험하기 힘듭니다. 이성적으로 이해되는 부분까지만 하나님을 인정하기 때문입니다. 성령은 영이시니 영으로 이해할 수 있습니다. 하나님은 내 생각보다 크신 하나님입니다. 능력 위에 능력을 부으시는 분입니다. 성령을 갈망하십시오.

*** 가깝게 지내는 지인 중에 최 장로님이 계시는데, 예전에 집사였던 시절에 성경의 복음서를 열심히 여러 번 읽었습니다. 어느 날 예수님이 십자가에 달리시는 장면에서 감동이 왔습니다. 눈물이 왈칵 쏟아졌습니다. "예수님이 내 죄를 위해 죽으셨구나." 그의 마음에 큰 감동과 함께 성령의 휘젓는 역사하심으로 회개를 경험했습니다.

(2) **기도하십시오**(눅 11:13)

예수님이 친히 말씀하십니다. "너희가 악할지라도 좋은 것을 자식에게 줄 줄 알거든 하물며 너희 천부께서 구하는 자에게 성령을 주시지 않겠느냐?" 최우선적으로 우리 인생 가운데 성령을 달라고 기도하십시오.

사막에서 목말라 죽어가는 사람에게 가장 필요한 것은 무엇입니까? 밍크 코트입니까? 좋은 차입니까? 돈입니까? 금? 명예입니까? 아닙니다. 그에게는 물이 필요합니다. 추운 겨울에 산중에서 폭설에 갇혀 얼어 죽고 있는 사람은 무엇이 필요합니까? 그 사람은 따뜻한 불이 필요합니다.

죄악의 세파에 시달려 죽어가는 영혼에게 가장 절실히 필요한 것은 성령입니다. 생수의 성령, 불의 성령입니다. 우리가 먼저 간절히 구할 것은 생명의 성령, 능력의 성령입니다.

우리는 이미 예수를 영접할 때, 성령을 받았습니다. 왜냐하면 성령으로 하지 않고는 아무도 예수님을 구주로 고백할 수 없기 때문입니다. 우리는 성령의 은혜로 예수를 믿게 되었습니다. 예수를 믿어 구원받게 되는 것은 하나님의 선물입니다. 그런데 왜 예수님은 제자들에게 "아버지께서 약속하신 성령을 기다리라. 위로부터 능력을 입으라"(눅 24:49)고 하십니까? 우리에게도 강한 성령의 기름 부으심이 필요합니다. 성령 충만이 절실합니다. 우리는 성령 충만을 갈망해야 합니다. 예수님의 제자들 120명이 모여 오로지 기도에 힘썼던 것처럼, 기도에 시간을 들여 성령 충만을 구해야 합니다.

*** 부흥사 찰스 피니의 성령 체험을 소개합니다. 찰스 피니는 1차 대각성운동(조나단 에드워드)과 2차 대각성운동을 이끌었던 거룩한 전도자입니다. 그는 성령 받기 전에는 기도 집회를 경멸했습니다. 그는 인간적으로 매력적인 사람이었습니다. 교회 성가대에서 비올을 연주했으며, 성가대원으로 찬양도 했습니다. 당시 그는 변호사가 되기를 꿈꾸고 있었습니다. 그런데 "1821년 10월 어느 주일 밤에 고꾸라졌고, 그래서 하나님과 화평을 이룰 수 있게 되었습니다." 그 후에 죄책감 때문에 며칠 동안 자신의 죄를 회개했습니다.

그때 성경 구절 하나가 그에게 빛의 홍수처럼 임했습니다.

"너희가 내게 부르짖으며 내게 와서 기도하면 내가 너희들의 기도를 들을 것이요 너희가 온 마음으로 나를 구하면 나를 찾을 것이요 나를 만나리라"(렘 29:12-13).

*** 이 말씀은 그가 전에 읽어 보지 못한 말씀이었습니다. 그리고 그가 사무실에서 일하다가 비올(바이올린의 전신)을 꺼내서 몇 곡의 찬송가를 연주하였습니다. 그의 자서전에 보면 "…나는 그만 흐느껴 울기 시작했다. 마치 나의 가슴 전체가 흘러내리는 것만 같았다…눈물을 억제해 보려고 했지만 어쩔 수가 없었다"라고 고백하고 있습니다.

피니는 기도하려고 사무실 뒷방으로 갔습니다. 그는 또 한 사건을 경험합니다.[2)]

그는 주님과의 해후를 끝내고 사무실 옆방으로 돌아와서 의자에 앉으려고 하는 순간에 강력한 성령의 세례를 받습니다. 그의 말을 빌리면 "나는 성령의 세례를 전혀 기대해 본 적도 없었고, 나에게 그런 일이 일어나리라는 생각을 전혀 가져 본 적도 없었으며, 세상에 있는 그 어떤 사람들로부터 그런 일을 들어 본 적이 있는지조차 생각나지 않았다. 그럼에도 불구하고 성령께서는 나의 영혼과 육신을 꿰뚫고 지나가는 형태로 내게 강림하셨다. 나는 마치 전류처럼 나를 꿰뚫고 지나가는 그 느낌을 기억한다"라고 하였습니다.

잠시 후에 성가대원이 피니의 방문을 노크하고는 피니가 우는 것을 보고 어디 아프냐고 물었습니다. 그러자 그는 "아닙니다. 그

---

2) 미국 부흥 운동사

냥 너무나도 행복해서 죽을 것만 같습니다"라고 대답했습니다.

그다음 날 동이 틈과 더불어 성령의 능력과 사랑이 그에게 충만하여 불신자들을 회심시켰습니다. 바로 자기 상관인 '라이트 판사'부터 전도했습니다. 라이트 판사는 죄책감으로 피니를 바라보지도 못했습니다. 그날부터 피니는 불과 능력의 세계로 발을 내디딘 것입니다.[3)]

빌리 그레이엄 목사님이 존경받는 것은, 그분이 한결같이 같은 길을 걸어오셨기 때문입니다. 1949년 로스엔젤레스에서 청년 전도자 빌리 그레이엄은 부흥의 불길을 일으켰습니다. 당시 그는 이런 설교를 했습니다. "오늘 우리에게 절박한 것은 새로운 운동도 아니며, 새로운 방법도 아닙니다…이런 것들은 우리에게 충분합니다. 예수 그리스도의 이름을 외치는 남녀들에게 절대적으로 필요한 것은 **성령 충만**입니다." 그렇습니다. 예수의 제자들도 성령 충만하지 않으면 사명을 감당할 수가 없습니다.

그러므로 우리는 예배 가운데 "하나님 아버지, 성령을 부어주옵소서!"라고 기도해야 합니다. 날마다 삶 속에서 성령 충만을 간절히 사모하며 기도해야 할 것입니다. 매일매일 샘솟는 **물과 같은 성령의 역사**가 일어나길 기도하여야 합니다. 동시에 우리 삶의 죄된 부분을 태워버리는 **불과 같은 성령의 역사**가 우리에게 임하기를 간절히 열망해야 합니다.

---

3) 미국 부흥 운동사

3) 부흥을 가져오는 핵심적 열쇠는 기도입니다

기도운동은 회개운동과 성령운동을 일으켰습니다. 교회 부흥사를 연구해보면, 기도운동이 놀라운 부흥을 가져왔습니다.

18세기 영국 웨일즈의 부흥운동도 20여 명의 중보 기도에서 시작되었고, 독일 모라비안 교도들의 경건 운동의 중심에는 **진센돌프 백작의 기도운동**이 있었습니다. 19세기 사무엘 밀즈가 주도한 헤이스텍 무브먼트(Haystak Movement), 일명 '건초더미 운동'도 기도에서 시작되었습니다. 1857년 미국을 휩쓸었던 대부흥 운동은 일명 '연합기도회의 부흥'(The Revival of the United Prayer Meeting)으로 알려져 있습니다.

이 부흥의 시작은 이렇습니다. 뉴욕시의 한 교회에서 정오 점심시간에 한 사람이 다른 사람들과 기도집회를 가지면서 시작되었습니다. 1871년 전도자 D. L. 무디는 성령으로 채워 달라고 끊임없이 부르짖었습니다. 그리고 강력한 성령의 기름 부으심을 경험한 후에 같은 설교였으나 능력이 다르게 나타났습니다.

이러한 기도운동은 미국에서 '학생 자원 운동'(student volunteer movement)으로 연결되어 '선교운동'을 일으켰습니다. 그 때문에 수많은 미국의 젊은이들이 전 세계로 복음을 들고 나갔습니다. 이때 언더우드와 아펜젤러도 이 학생운동의 영향으로 조용한 동방의 나라 조선에 파송되었습니다. 이처럼 기도는 세계교회 부흥 역사의 시발점이었습니다.

기도는 회심의 역사와 성령의 강력한 기름 부으심을 가져왔습니다. "하나님, 성령님을 간절히 구합니다! 성령이여! 사랑합니다. 오셔서 우리를 지도해 주십시오. 우리를 치료해 주십시오. 우리에게 능력으로 충만하게 하소서! 우리 교회가 영적 부흥의 진원지가 되게 하소서!" 이렇게 우리도 기도해야 합니다.

과거에 성령 체험이 있었습니까? 지금도 성령 충만하십니까? 현재 내가 성령 충만한 상태인지가 중요합니다. 성령 충만을 받으면 먼저 나 자신이 알 수 있습니다. 기도가 저절로 됩니다. 예전에 기도를 5분 하면 할 말이 없었는데 한 시간이 금방 지나갑니다. 찬송이 흘러 넘칩니다. 화장실에서도, 운전 중에도, 세수하다가도 찬송 한 곡 부르고 세수를 마칩니다. 누가 시켜서 하는 것이 아닙니다. 저절로 됩니다. 예수님이 말씀하십니다. "성령을 받으라! 그러면 권능을 받는다. 증인이 될 것이다."

결론 | 성령이 임하시면, 지혜와 능력이 임합니다. 이 땅에서 천국 백성의 삶을 살게 됩니다. 능력을 소유하는 백성이 됩니다. 담대히 전도합니다. 그러므로 성령 충만, 성령의 기름 부으심을 갈망하고 기도합시다. 기도는 부흥의 핵심 열쇠입니다. 여러분에게 성령 충만, 성령의 기름 부으심이 넘치길 축원합니다.

기도 | 성령이여, 갈망하오니 충만히 임하시옵소서. 지혜와 능력이 충만한 천국 시민의 삶을 살게 하소서. 예수 그리스도의 이름으로 기도합니다. 아멘.

03

예수님의 증인

행 1:8

부활하신 예수님은 승천하시면서 제자들에게 이렇게 분부하십니다.

> "예루살렘을 떠나지 말고 내게서 들은 바 **아버지께서 약속하신 것**을 기다리라 요한은 물로 세례를 베풀었으나 너희는 몇 날이 못 되어 성령으로 세례를 받으리라"(행 1:4-5).

> "오직 성령이 너희에게 임하시면 너희가 권능을 받고 예루살렘과 온 유대와 사마리아와 땅 끝까지 이르러 내 증인이 되리라 하시니라"(행 1:8).

사도행전 1장 8절은 한마디로 성령이 임하면 너희가 능력을 받고 증인이 될 것이라고 선포합니다.

1) 증인 됨의 시작점은 성령의 함께하심입니다(1:8, 성령이 임하시면).

우리가 교회에 나와서 예배드리고 말씀을 들어도 삶의 현실에서 변화되지 않는 이유는 무엇일까요? 먼저 '하나님 나라를 내 삶의 우선순위에 두기로 결단해도 세상이 우선이 되는 이유는 무엇인가?', '내 믿음은 왜 작은가?', '왜 나는 전도를 하려고 해도 잘 되지 않는가?' 우리는 이러한 생각들을 하게 됩니다. 나의 확신 없는 삶의 이유는 **말씀이 내 안에서 확실히 깨달아지지 않아서입니다**. 듣고 아는 것 말고, 깨달아져야 합니다. 말씀이 레마의 말씀으로 들려야 깨달아집니다. 말씀이 내 안에서 깨달아져야 내 삶이 완전히 변화되는 것입니다.

성령의 역사가 있을 때, 말씀이 내 안에서 깨달아집니다. 왜 그럴까요? 성령의 감동으로 기록된 말씀이기 때문입니다. 성령이 오신다는 것은 각 개인에게 오신다는 것입니다. 성령은 인격적, 체험적으로 오시고, 만져 주시는 것입니다.

2) 성령은 권능을 가지고 오십니다(1:8, 너희가 권능을 받고).

권능은 '힘, 능력'인데, 헬라어로 '두나미스'(δύναμις), 영어로 '다이나마이트'(dynamite)의 어원입니다. 성령이 권능을 주시면 다이나마이트 같은 폭발적인 능력이 내 안에 생겨서 증인이 됩니다. 그 능력은 육체적 힘이 세진다는 뜻이 아닙니다. 나의 내면에서 **믿음의 확신과 인내의 능력**이 생기는 것입니다.

성령이 나에게 오시면 하나님이 창조주요 전능자임이 확실히 믿어집니다. 예수님이 내 죄를 사하시기 위해 피를 흘리고 십자가에 죽으셨고, 삼 일 만에 부활하셨다는 사실이 너무 분명하게 믿어집니다. 먼 옛날 이야기가 아니라 지금 나의 삶에 직접 영향을 준 사건으로 확실히 깨달아지고 믿어집니다. 당장 내 삶의 환경에 큰 변화가 없어도, 기도에 금방 응답이 없어도 인내할 수 있는 능력이 생깁니다. 하나님을 확실히 신뢰하기 때문입니다.

성령이 오시면 능력이 옵니다. 성령이 오시면 말할 수 없는 기쁨과 확신이 넘칩니다. 마음의 상처가 회복됩니다. 병이 치료됩니다. 감사가 넘칩니다. 평화가 흘러 넘칩니다. 찬양이 터집니다. "내게 샘솟는 기쁨, 내게 강 같은 평화, 내게 믿음, 소망, 사랑 넘치네 할렐루야!"

성령이 오시면 증인이 됩니다. 사도 바울은 감옥 안에 갇혀서도 엄청난 기쁨을 누렸습니다. 초대교회 성도들은 핍박받고 화형을 당하면서도 기쁨의 찬송을 드렸는데, 그 힘은 어디에서 왔을까요? 성령님, 즉 하나님으로부터 우리에게 온 능력입니다. 하늘의 능력은 성령님으로부터 옵니다. 우리 안의 영의 능력은 성령님으로부터 옵니다.

성도 여러분, 성령의 능력을 받으시길 바랍니다. 하나님이 우리에게 주신 능력을 소유하시길 바랍니다.

3) "내 증인이 되리라"(1:8)

'성령이 오시면, 예수님의 증인이 될 것이라'고 하십니다. 성령이 내 안에 임하시면 부활하신 예수님을 증거하게 됩니다. 예수님의 무엇을 증거합니까? 성자 하나님이신 예수님이 이 땅에 오셔서 내 죄를 위해 죽으셨다가 사망을 이기고 부활하신 것을 증거하게 됩니다. '예수님의 부활하심'과 그분이 가르치신 '하나님의 나라'를 증거하게 되는 것입니다.

*** 영화배우 정○○ 씨의 간증을 들었습니다. 그녀는 어릴 때부터 교회를 다녔고, 부모님의 기도로 자신이 잘되는 것을 알았습니다. 그러나 주님을 증거하는 믿음은 없었습니다. 영화배우로서 잘나가도 마음 한 구석에 밀려오는 고독감이 있었습니다. 우울증이 밀려왔습니다. 쇼핑을 하면 좋아지려나? 그런데 아니었습니다. 옷을 사고 싶지 않았습니다. 맛있는 음식을 먹으면 좋아지려나? 맛있는 음식이 앞에 있어도 당기지 않았습니다. 여행을 하면 좋아지려나? 나가고 싶지도 않고, 아무도 만나고 싶지 않았습니다.

그때 친구가 찾아왔습니다. 친구가 와서 기도를 해주었습니다. 친구가 방언으로 기도를 해주었다고 합니다. 그녀가 간 후에 자기 방에서 "하나님! 재는 주고 나는 왜 안 주세요? 나도 주세요" 하고 기도했습니다. 그날 혼자서 기도하다가 방언을 받았습니다. 주님과 인격적으로 깊은 만남을 경험한 것입니다. 만남의 결과로 은사를 받은 것이지요. 알고 보니, 그녀가 무기력증에 있었던 것은 영혼의 갈증 때문이었던 것입니다.

예수님을 만난 후에 이제 그녀의 비전은 최고의 배우가 아닙니다. 자신이 좋아하는 연기를 통해서 사람들에게 하나님의 빛을 비추는 것입니다. "하나님은 누구신가?" 묻는다면, 한마디로 "나의 모든 것, my everything, my all"이라고 말한다고 합니다. 공적인 자리에서 '자신은 크리스천이고 하나님은 나의 모든 것'이라는 고백을 하는 사람은 확실한 믿음이 없이는 불가능합니다.

> "예수께서 대답하여 이르시되 악하고 음란한 세대가 표적을 구하나 선지자 요나의 표적밖에는 보일 표적이 없느니라 요나가 밤낮 사흘 동안 큰 물고기 뱃속에 있었던 것같이 인자도 밤낮 사흘 동안 땅속에 있으리라"(마 12:39-40).

이 말씀에서 **'표적'은 무엇일까요?** 단순한 기적이 아닙니다. 하나님의 뜻이 담긴 기적입니다. "당신이 하나님으로부터 온 사람이라는 표적을 보여 주시오" 할 때, 예수님은 "요나의 표적밖에는 보여 줄 것이 없노라" 하신 것입니다. 예수님의 죽음과 부활이 바로 예수님이 하나님의 아들 되신 증거입니다.

성령 받은 자의 공통점은 무엇일까요? 부활의 주님을 전하고 싶은 마음이 내면에서 폭발한다는 것입니다. 예수님은 친히 우리에게 "성령을 받으라!"고 말씀하십니다. 저는 여러분이 성령의 충만을 모두 경험하시길 간절히 원합니다.

고린도전서 12장 3절에 "성령이 아니고는 예수를 주시라 할 수 없다"는 말씀이 있습니다. 초대교회 당시에는 핍박을 받는 상황이었습니다. 핍박의 상황에서도 예수를 나의 주님이라고 선언하는, 목숨을 건 믿음은 성령이 도우셔야 가능하다는 것입니다. 입술로 예수를 믿는 것과는 다른 차원의 이야기입니다. 성령이 임하시면 예수의 증인이 됩니다(행 1:8).

성령의 충만은 내면에서부터 흘러넘치는 것입니다. 기쁨이 흘러넘칩니다. 감사가 흘러넘칩니다. 성령 충만, 성령의 체험이 있으십니까? 본인도 알고, 다른 사람도 압니다. 평화의 도구가 되고 싶습니까? 성령 충만해야 됩니다. 이는 나의 결심으로는 안 됩니다. 신학을 공부하신 분들 중에 '성령 세례', '성령 충만'이라는 단어 개념을 따지고 싸우는 걸 봅니다. 저는 그 용어를 아는 것은 그다지 중요하지 않다고 생각합니다. 더 중요한 것은, 성령의 기름 부으심을 개인적으로 체험하는 것입니다.

과거에 성령의 체험이 있었습니까? 지금은 성령 충만하십니까? 현재에 성령 충만한가가 가장 중요합니다. 성령 충만을 받으면 성령의 임재를 느낍니다. 기도가 저절로 됩니다. 전에는 5분 하면 할 말이 없었는데, 한 시간이 금방 지나갑니다. 찬송이 흘러넘칩니다. 화장실에서도, 운전 중에도, 세수하다가도 찬송 한 곡 부르고 세수를 마칩니다. 누가 시켜서 하는 것이 아닙니다. 저절로 됩니다.

예수님이 말씀하십니다. "성령을 받으라!", "능력을 받는다", "나의 증인이 될 것이다"(행 1:8). 사도 바울은 고백합니다.

"내 말과 내 전도함이 설득력 있는 지혜의 말로 하지 아니하고 다만 성령의 나타나심과 능력으로 하여"(고전 2:4).

성령의 지혜와 능력을 힘입어서 바울은 전도했습니다.

누군가를 억지로 선교사로 내보내면 갈까요? 안 갑니다. 자녀들에게 목사가 되라고 하면 할까요? 안 합니다. 자기가 좋아야 할 수 있습니다. 가치를 깨달아야 그 길을 선택합니다. 자기가 은혜받고 성령 체험을 하면, 부활의 증인이 되고 싶으니 목사가 되는 것입니다. 이는 성령께서 역사하실 때 증인의 삶이 가능한 것입니다.

결론 | 성령이 임하시면, 지혜와 능력이 임합니다. 이 땅에서 천국 백성의 삶을 살게 됩니다. 능력을 소유하는 백성이 됩니다. 담대히 전도하게 됩니다. 예수님의 증인이 됩니다. 그러므로 성령 충만, 성령의 부으심을 갈망하고 기도합시다. 기도는 부흥의 핵심 열쇠입니다. 여러분에게 성령 충만, 성령의 기름 부으심이 넘치시길 축원합니다.

기도 | 하나님 아버지, 성령 충만 주셔서 능력 충만하게 하시고 담대히 예수 증인의 삶을 살 수 있게 하소서. 예수 그리스도의 이름으로 기도합니다. 아멘.

04

기도하는 공동체

행 1:12-14

초대교회는 기도하는 공동체였습니다. 예루살렘 초대교회는 기도로 시작이 되었습니다. 초대교회는 기도 DNA를 가지고 시작됩니다. 초대교회는 예수님께서 승천하시면서 "예루살렘을 떠나지 말고 성령을 기다리라"고 하셨습니다. 그 광경을 지켜본 500명 중에 120명이 모여서 기도했고(15절) 응답받았습니다. 그리고 초대교회가 시작되었습니다.

오늘날 사람이 아무리 많이 모여도 기도하지 않는 교회는 이미 교회 본질의 능력을 잃어버린 껍데기 교회입니다. 진정한 연합은 기도를 통하여 이루어집니다. 함께 기도할 때 영혼의 상처가 치료되고, 깨어진 관계가 회복되고, 팀워크가 회복됩니다.

하나님은 기도를 통하여 일하십니다. 우리가 기도할 때 약속을 실행하십니다.

"그래도 이스라엘 족속이 이같이 자기들에게 이루어 주기를 내게 구하여야 할지라"(겔 36:37).

기도로 능력을 체험할 때 하나님을 더 깊이 알 수 있습니다. 현대교회는 기도의 능력을 회복해야 합니다.

어느 성직자가 하나님께 기도했다고 합니다. 하나님의 음성을 한 번만 들려주십시오. 그런데 음성이 들렸습니다. "오냐, 내가 여기 있다." 그러자 그가 놀라서 기절했다는 우스개 이야기가 있습니다. 기도를 하면서도 하나님의 응답을 믿지 않는 오늘날의 세태를 보여 주고 있습니다. 전혀 기도 응답을 기대하지 않았다는 것입니다.

사도행전의 공식: 기도-성령 충만-복음전도

사도행전의 전체 흐름에서 공식 같은 내용은, 기도 후에 성령 충만 받고, 성령 충만하면 증인의 사명을 감당한다는 것입니다. 사도행전 1장 13절을 보면, 열두 사도에 대한 언급은 누가복음의 기록과 차이가 있습니다. 누가복음에는 "…시몬과 그의 동생 안드레, 야고보와 요한과 빌립과 바돌로매…"[4]라고 가족이 있는 제자들을 엮어서 먼저 기록을 합니다.

그런데 사도행전에서는 베드로, 요한, 야고보의 순으로 기록합니다. 사도행전에서는 가족 개념을 초월하고 있고, 가룟 유다의 이름을 누락하고 있으므로 그 자리가 보충되어야 함을 암시합니다. 그리

4) 눅 6:14-16

고 14절에(부활의 주님을 본) 예수의 모친 마리아와 아우들도 기도자의 명단에 넣음으로 가장 가까운 친형제들도 **예수를 메시아로 받아들이고 있음을 보여 줍니다.**

1) 기도하는 제자로 변화되었습니다.

제자들은 원래 기도하지 않았습니다. 제자들은 3년간 예수님께 기도를 배우고 기도하시는 예수님을 보았지만, 기도해야 할 때 그들은 기도하지 않았습니다(마 6장, 26:40). 예수님은 십자가를 지기 전날 밤 겟세마네 동산에서 제자들에게 "기도하라! 기도하라! 기도하라!" 하셨건만, 제자들은 다들 잠들었습니다. "시험을 이기기 위해 기도하라!" 하실 때 피곤을 이기지 못해서 잠자던 제자들이 지금 정신을 차리고 기도하기 시작했습니다. 놀라운 변화입니다.

우리도 결단해야 합니다! 결단이 있어야 합니다. 기도하기로 결단할 때, 하나님은 기도하도록 도우십니다. 오늘도 믿음으로 살기로 결단할 때, 살아 계신 하나님을 경험합니다. 마음속 깊은 곳에서 기도할 때, 응답하시는 하나님을 깊이 경험합니다.

2) 어떻게 기도하였나요?

"마음을 같이하여 전혀(오로지) 기도에 힘쓰더라"(행 1:14).

제자들 500여 명이 예수님의 승천을 보았으나, 순종한 무리는 약 4분의 1 정도였습니다. 120명의 제자들이 합심기도를 드리는 정신과 자세는 중요합니다. **'전혀 힘쓰다'(프로스칼텔레오, προσκαρτερέω)의 의미는 '어떤 일에 헌신하다'**, '어떤 일을 바쁘게 일하다'는 의미입니다. 초대교회 성도들은 생명을 다해, 혼신의 힘을 다해 기도에 전념했습니다.

생명 걸고 하는 기도의 경험이 있습니까? 에스더와 다니엘의 기도는 '죽으면 죽으리이다'라는 생명을 건 기도였습니다. 위기는 하나님을 경험하게 합니다. 다락방에 모인 예수님의 제자들은 몸이 뒤틀리고 땀이 범벅이 되도록 기도했을까요? 아니면 신사적으로 조용히 기도했을까요?

***　　김미진 자매의 간증

그녀는 보수적인 고신측 교회에서 4대째 신앙생활을 하며 자랐습니다. 그녀는 일찍 사업에 눈을 떠서 대학생 때부터 돈을 많이 벌었습니다. 그녀는 미혼일 때 1억 원을 건축헌금으로 드리기도 하고, 아프리카에 교회를 짓고, 우물 파는 일에 앞장서기도 했습니다. 100평짜리 안경점을 운영하면서, 한 달에 7,500만 원의 수입이 들어와, 가난한 사람들이 오면 공짜로 안경을 해주었습니다. 공짜 손님을 하루 10명으로 생각했는데, 100명씩 와서 한 달에 1억 5천만 원씩 지출을 하니, 매달 8천만 원씩 적자를 보다가 3년을 못 버티고 망했습니다. 또 다른 사람의 빚에 보증을 서주었다가 망했습니다.

성도 여러분, 성경은 "보증 서지 말라"(잠 22:26, 11:15, 6:1, 17:18)고 말씀합니다. 수입보다 지출이 많으면 가난해집니다. 결국 10원 하나 챙기지 못하고 집에서 쫓겨났습니다. 그리고 빚

독촉에 잠도 잘 수 없었습니다. 50억 원과 이자 50억 원 도합 100억 원을 갚을 길이 없었습니다. 사탄은 "네가 가족을 사랑하면 그들을 고생시키지 말고 죽으라"고 유혹합니다. 그래서 자매님은 자살을 시도했습니다. 그러나 하나님의 은혜로 그 자매는 죽음을 비껴가게 됩니다.

하루는 그녀가 방에서 "하나님, 화장품 한 세트 주세요. 그리고 최고 좋은 설화수로 주세요"라고 기도했습니다. 얼마 뒤에 함께 선교 훈련을 받는 한 자매가 화장품을 가지고 왔습니다.

그때 화장품을 준 자매가 말합니다. 이상하게 하나님이 "미진 자매에게 최고 좋은 화장품을 사주어라. 미진이가 설화수를 찾으니 설화수를 사주어라" 해서 그 자매가 집에 있는 돈을 다 끌어서 다른 화장품을 사고 설화수 샘플 10개를 얻어서 가져왔다고 합니다. 그 말을 듣고, 김미진 자매는 하나님 앞에서 통곡을 하였다고 합니다. "하나님은 살아 계십니다, 나의 왕이십니다, 이제 순종하며 살겠습니다"라고 고백하였습니다.

결국 어떻게 되었을까요? 3년 반 만에 100억 원을 다 갚았습니다. 할렐루야!

"너희는 먼저 그의 나라와 그의 의를 구하라"(마 6:33).

먹고 마시고 입는 것을 천부께서 아십니다. 그렇습니다. 이제는 과거와 다른 새로운 믿음을 가지고 있습니다. 우리는 기도할 때, 성경 안에 있는 하나님이 아니라 지금 나의 현실 속에 살아서 역사하시는 하나님을 체험합니다.

우리가 기도를 결단하고, 순종을 결단할 때 하나님을 경험합니다. 하나님을 경험하는 만큼 우리의 믿음이 자랍니다. 우리도 '나는 기도의 사람이 되리라!' 하고 먼저 결단해야 합니다.

기도하는 교회가 되려면 먼저 믿는 자들이 헌신적으로 생명을 내어놓고 기도에 전력해야 합니다. 그때 나중에 믿는 사람들도 기도하는 교회의 특징을 지니게 됩니다.

기도에 헌신된 120명은 예수님의 기도 헌신을 배웠습니다. 예수님의 3년간의 기도는 사도들을 기도자로 변화시켰고, 사도들과 함께 기도하는 120성도가 되었으며, 이들로부터 전도받고 믿은 성도들이 기도하는 예루살렘 교회가 된 것입니다.

사도행전은 기도를 강조합니다. 예수님의 기도와 사도들의 기도를 강조하고, 예수님의 기도 반석 위에 초대교회의 기도가 세워진 것을 보여 줍니다. 더욱이 14절에 '오직 기도'에 힘쓰는 공동체의 모습을 기록하고 있습니다.

그런데 마귀는 "기도하지 말라"고 속삭입니다. "찬양은 해라. 그러나 기도는 하지 말라. 봉사하고 선교해라. 그러나 기도하지 말고 자신의 생각을 따라서 봉사하라. 설득력 있게 설교해라. 그러나 기도는 하지 말라. 당회도 모이고, 위원회도 모이고, 제직회도 모이라. 그러나 기도는 조금만 해라. 기도는 조용히 골방에서 해야 해. 합심해서 기도하지 마. 기도는 지성적으로 해야 해. 촌스럽게 기도하지 말라!" 그래서 우리는 기도를 조금만 하고 마는 것입니다. 마귀에게 속지 마십시오!

사도행전 2장의 성령을 받게 되는 오순절 사건의 전 단계는 기도였습니다. 우리도 열심히 기도할 때 하나님의 기적을 볼 것입니다. 우리는 예배 가운데 "하나님 아버지, 성령을 부어주옵소서!"라고 기도해야 합니다. 날마다의 삶 속에서 성령 충만을 간절히 사모하며 기도해야 할 것입니다.

3) 기도합시다(눅 11:13)

예수님이 친히 말씀하십니다. "너희가 악할지라도 좋은 것을 자식에게 줄 줄 알거든 하물며 너희 천부께서 구하는 자에게 성령을 주시지 않겠느냐?" 왜 예수님은 "아버지의 약속하신 성령을 기다리라. 위로부터 능력을 입으라"고 하십니까?(눅 24:49) 우리에게 강한 성령의 기름 부으심이 필요하기 때문입니다. 성령이 임하시면 능력이 오고 증인이 되기 때문에 성령 충만이 절실합니다.

우리는 성령 충만을 갈망해야 합니다. 예수님의 제자들 120명이 모여서 오로지 기도에 힘썼던 것처럼, 기도에 시간을 들여서 성령 충만을 구해야 합니다. 골방? 차 안? 화장실? 교회? 어디든 좋습니다. 성령을 갈망하며 기도해 보십시오!

> "너희가 내게 부르짖으며 내게 와서 기도하면 내가 너희들의 기도를 들을 것이요 너희가 온 마음으로 나를 구하면 나를 찾을 것이요 나를 만나리라"(렘 29:12-13).

결론 | 예수님이 기도하셨고, 사도들이 기도하였습니다. 그리고 초대교회가 기도하였고, 한국 교회가 기도하였는데, 우리가

기도하지 않을 수 있는 이유는 없습니다. 우리가 예수를 따르는 자들이라면 기도해야 합니다. 오늘도 기도의 사람이 되기로 결단합시다.

기도 | 하나님 아버지, 예수님이 기도자였고 사도들이 기도자였고 초대교회가 기도공동체였듯이 나도 기도자가 되게 하시고 진정한 하나님의 사람이 되게 하소서. 예수 그리스도의 이름으로 기도합니다. 아멘.

05

오순절 성령 충만

행 2:1-4

성령의 공식적인 오심

사도행전 2장은 인류 역사상 가장 강력한 '성령의 내려오심'의 사건을 기록하고 있습니다. 예수님이 오신 날을 성탄절이라고 한다면, 성령님이 공식적으로 오신 날을 오순절이라고 할 수 있습니다. 오순절 날에 120명의 성도들은 마가 요한의 다락방에 모여 전심으로 기도하고 있었습니다. 벌써 기도를 시작한 지 10일째 되는 날이었습니다. 주님의 약속을 붙잡고 기도하는 자들에게 하나님은 성령을 보내주셨습니다.

오순절 성령의 오심은 너무나 크고 놀라운 일이었습니다. 성령을 받은 제자들은 더 이상 겁쟁이가 아니었습니다. 더 이상 무식한 사람들이 아니었습니다. 무식한 갈릴리 사람들이 구약성경을 지혜롭게 재해석하게 됩니다(7절). 성령 받은 제자들은 죽음을 더 이상 두려워하지 않습니다. 능력 있는 설교를 합니다. 베드로의 설교를 들은 사람들이 "듣고 마음에 찔려 형제들아 우리가 어찌할꼬"(2:37) 하며 회개하는 역사가 일어났습니다.

주일 예배의 기원

오늘날 우리가 안식일 대신에 주일에 예배를 드리는 근거가 어디에 있습니까? 구약의 안식일은 토요일인데 주일에 예배드리는 것이 성경적입니까? 안식일의 주인이신 예수님이 완전하게 하신(계 1:10) '주님의 날'은 그냥 주님의 날이 아니라 **'주님께 속한 날'**이라는 의미입니다. 단순 소유격이 아니라 구체적 형용사입니다.

영어로는 'the Lord's Day'보다는 정확하게 'the day belonging to the Lord'로 '주님께 속한 날'입니다. 그리스도인에게 주일은 직장이 쉬는 날의 의미가 아닙니다. '주님께 속한 날'입니다. 주님이 주인이시고 주님께 소유권이 있는 날입니다. 주님에 의해 제정된 날입니다. 주일은 전체가 주님을 위한 날입니다. 그래서 신약교회는 주일날을 기뻐하며 예배하는 것입니다. 예수님이 부활하신 날이 바로 주일이었습니다. 그리고 오늘 오순절의 성령님이 강림하신 날도 주일이었습니다. 주일예배의 성경적 근거를 다음과 같이 정리할 수 있습니다.

(1) 이미 사도들이 주님이 부활하신 주일에 예배를 드렸습니다(행 2:1, 20:7; 고전 16:2; 계 1:10). 밧모섬에 유배됐던 사도 요한은 주님의 날에 예배했고, 그때 찾아오신 예수님을 뵙게 됩니다(계 1:12-19).

(2) 예수님은 안식일의 주인이라고 선포하셨고(마 12:8), 주님이 주일에 안식의 완성과, 율법과 복음의 완성을 이루셨기 때문입니다(히 10:1, 9).

바울은 율법과 안식일에 대해서 "약하고 천박한 초등학문"(갈 4:9-11)이라고 표현합니다. 안식일은 구약에 속한 것이지 신약에 속한 것이 아닙니다. 또 예수님은 구약의 십계명은 강조하셨지만 안식일은 강조하지 않으셨습니다. 당시 제사장들의 관점에서 본다면, 예수님은 안식일의 율법을 오히려 범하고 있었습니다.

율법의 완성자이신(마 5:17) 예수님은 하나님의 의를 충족시켰고, 십자가 죽음과 부활로 안식을 완성하셨습니다. 율법은 그림자이고, 예수님은 제물로 영원한 제사를 드리셨고, 부활 승리로 우리를 영원한 안식으로 인도하셨습니다(히 10:1, 14).

예수님을 믿는 우리는 안식일을 주장하는 대신에 주님의 부활의 날인 주일을 지키는 것이 바른 일입니다. 안식일은 이스라엘 민족에게 주신 한시적인 그림자 제도이지만, 주일은 부활을 통해 구약(율법)을 완성하신 예수님을 예배하는 날입니다.

부활하신 예수님께서 바로 승천하지 않으시고, 부활의 주님이 제자들에게 나타나신 날도 주일입니다(요 20:19). 그리고 도마가 있을 때, 또 제자들에게 나타나신 날도 주일입니다.[5)]

우리는 믿음과 은혜의 법 아래서 구약의 억압으로부터 해방되었습니다. 제사 예법, 정결법, 할례, 그리고 날과 달을 지키는 모든 금

5) 안식후 첫날(일요일), "여드레를 지나서"(요 20:26, 유대인은 그날을 포함해서 날을 계수한다).

기 등으로부터 자유함을 얻었습니다. 그것들은 우리를 온전하게 하지 못하는 것들이므로 폐하여졌습니다. 더 좋은 소망으로 하나님께 나아가게 되었습니다(히 7:18-19).

이 부활절과 성령 강림절이 주일이고, 주님께 속한 이 복된 날을 주님이 제정하시고 사도들이 예배하는 날로 지켰으므로, 우리가 주일에 예배드리는 것입니다.

오순절은 무슨 날입니까?("오순절 날이 이르매", 1절)

교회를 실재적으로 탄생하게 한 성령 강림의 사건은 언제 일어났나요? 그날이 바로 주일입니다. 오순절은 유월절(금)의 둘째 날(안식일, 토)로부터 "일곱 안식일 이튿날"(레 23:16)인 주일입니다.

유대인의 명절 중 유월절은 너무나 유명합니다. 이 유월절 이후 첫 안식일부터 7주가 지난 다음 날, 즉 50일째 되는 날이라 하여 '펜테코스테'(πεντηκοστή, 헬라어로 '50'을 뜻함), 즉 오순절이라 부르는 그날에 성령이 임하신 것입니다.

당시 오순절 때에는 각지에 흩어진 유대인과 유대교로 개종한 사람들이 예루살렘으로 순례 여행을 했습니다. 성지 순례는 1년에 한 번씩 행해졌고, 이것을 위해 그들은 수입의 10분의 1을 저축했습니다. 각 나라에서 온 순례객들이 모여서 성령받은 제자들의 신기한 광경을 보고 소동했습니다.

성령 오심의 의미

두 가지 특별한 의미가 있습니다.

(1) 언약의 성취입니다.

하나님이 선지자들을 통하여 **구약시대에 약속하신 언약이 성취**된 것입니다(렘 31:31-34; 겔 36:26-28).

> **"내가 나의 법을 그들의 속에 두며 그들의 마음에 기록하여** 나는 그들의 하나님이 되고 그들은 내 백성이 될 것이라"(렘 31:33).

> "또 새 영을 너희 속에 두고 새 마음을 너희에게 주되 너희 육신에서 굳은 마음을 제거하고 부드러운 마음을 줄 것이며 또 **내 영을 너희 속에 두어 너희로 내 율례를 행하게 하리니 너희가 내 규례를 지켜 행할지라"** (겔 36:26-27).

또 성령의 오심은 **요엘 2장 28절의 예언 성취입니다.** 베드로는 사도행전 2장 17절의 "하나님이 말씀하시기를 말세에 내가 내 영을 모든 육체에 부어주리니 너희의 자녀들은 예언할 것이요 너희의 젊은 이들은 환상을 보고 너희의 늙은이들은 꿈을 꾸리라"는 말씀이 성취되었다고 설교합니다.

그렇습니다. 새 언약 안에서 하나님의 백성인가 아닌가는 성령이 그 마음속에 거하시는가로 결정됩니다. 인종이나 혈통에 상관없이 성령을 받은 사람만이 하나님의 새 백성입니다.

⑵ **예수님이 머리 되시고, 세우신 신약교회 탄생을 가져왔습니다.**

그러므로 오순절 성령 강림은 초인종적, 초국가적인 교회의 탄생을 가져온 것입니다. 오늘날 세계는 민족주의를 중심으로 뭉치는 경향이 있습니다. 그러나 교회는 민족을 뛰어넘는 공동체입니다. 교회는 백인만의 교회, 흑인만의 교회가 아닙니다. 교회는 모든 인종이 올 수 있습니다. 공산국가, 민주국가를 구별하지 않습니다.

천국을 그려놓은 그림을 보았습니다. 한국 사람만 그려놓은 그림을 보았는데, 화가가 아직 천국을 잘 이해하지 못한 것입니다. 성령의 임하심 없이는 선교를 할 수 없습니다. 더욱이 성령의 임하심 없이는 "예수님은 나의 주님이시다"(행 10:36; 롬 10:9; 고전 12:3)라고 고백할 수도 없습니다. 성령은 유대인이나 이방인이나 차별하지 않으십니다.

그날에 성령 임하심의 현상은 어떠했나요?(2-3절)

너무나 특별하고도 신비롭게 임하셨습니다. 바람 같은 소리로 온 집에 가득히 임하셨습니다(2절). 불의 혀같이 갈라지는 것이 보였습니다(3절). 다 성령의 충만함을 받았습니다. 오순절에 성령이 임하심은 들을 수 있고, 볼 수 있게 오셨습니다. 성령이 충만히 역사할 때는 우리가 알 수 있고 느낄 수 있습니다. 우리 예배 가운데, 하나님께서 성령님의 바람과 불로 역사하시길 간절히 기대합니다. 모세에게 보였던 불, 엘리야에게 불로 나타났던 **하나님의 임재**가 우리 모두에게 성령의 불로 임하길 기대합니다.

성령 충만(4-12절)

'성령 충만'은 성령에 사로잡혀서 성령께 지배당하는 상태를 의미합니다. 성령이 내 삶과 내 인격과 내 존재 전체를 다스리는 상태입니다. 성령이 내 삶을 주도하는 상태입니다. 술을 마셔 보셨나요? 한 잔 두 잔 시작하여 점점 취하면 내가 원하는 대로 행동을 못합니다. 몸이 왔다 갔다 하며 휘청거립니다. 마음도 변합니다. 갑자기 기분이 좋아집니다. 그런데 결과는 완전 다릅니다. 술은 많이 마실수록 실수를 하고 죄를 짓게 만듭니다. 성경에 보면 술 취함은 방탕과 짝을 이룹니다. 그러나 성령은 취할수록 거룩한 삶을 살게 합니다. 선한 열매를 맺게 합니다. 정반대의 결과를 가져오는 것입니다.

성령 충만할 때 "물밀 듯 내 맘에 기쁨이 넘침은 주 예수 내 맘에 오심" 찬양이 폭발합니다. 주체할 수 없는 기쁨이 내 영혼에서부터 흘러나옵니다. 주님이 주시는 기쁨이 밀물처럼 몰려오는 것을 느낍니다. 내면에서부터 참을 수 없는 기쁨과 평화가 나옵니다. 그래서 얼굴이 천사의 얼굴같이 됩니다.

스데반이 성령 충만하여 천사의 얼굴과 같았습니다. 때로는 기도하다가 성령이 주시는 기쁨 때문에 참을 수 없는 웃음이 막 나오는 것입니다. 더러운 삶에서 성결한 삶으로 변화합니다. 욕쟁이, 거짓말쟁이, 싸움꾼이 회개하고 새로운 인생을 삽니다. 이것이 성령의 능력입니다.

술 취함과 성령 취함의 차이

술은 방탕하게 하고, 죄짓게 만듭니다. 노아는 포도주를 많이 마시고 벌거벗고 실수하여 자녀들 앞에서 추태를 부렸습니다.

> "밤이 깊고 낮이 가까웠으니 그러므로 우리가 어둠의 일을 벗고 빛의 갑옷을 입자 낮에와 같이 단정히 행하고 방탕하거나 술취하지 말며" (롬 13:12-13).
>
> "술 취하지 말라 이는 방탕한 것이니 오직 성령으로 충만함을 받으라" (엡 5:18).
>
> "하나님의 나라는 먹는 것과 마시는 것이 아니요 오직 성령 안에 있는 의와 평강과 희락이라"(롬 14:17).

성령에 취하면 거룩, 성결, 평안, 기쁨, 사랑의 열매를 맺습니다. 예배드림이 기쁨이 됩니다. 하나님께 기도하고 찬양하고 말씀 듣는 시간이 기쁨의 시간이 됩니다. 지겨운 시간이 아닙니다. 영적 기쁨을 얻는 시간이 됩니다.

타종교나 기수련을 하는 사람은 "성령이 '기-에너지'냐?"라고 묻습니다. 아닙니다. 성령은 실존하시고 인격을 가지고 계십니다. "예수님이 계신다", "성령님이 계신다" 머리로만 인정하는 것이 무슨 의미가 있겠습니까? 성령님이 나의 생각이 되시고, 나의 존재의 주인이 되시고, 나의 선택이 되시고, 나의 말이 되시고, 나의 모든 삶을 인도하신다는 것을 믿고 체험하도록 도우십니다.[6]

---

6) 기적이나 방언함이 성령 충만의 결정적 증거는 아닙니다. 어떤 사람은 방언을 하고, 어떤

성령 충만을 분별하는 법

성경은 삶의 열매를 보고 성령 충만을 알 수 있다고 가르쳐줍니다. 당장 드러나지 않는 내면적인 것이 더 많지만 결국은 드러나게 됩니다. 성령 충만하면 두려움이 담대함으로 바뀝니다. 복음을 전파하고, 거룩, 평안, 기쁨이 충만하게 됩니다. 성령의 능력인지를 알려면 그 사람이 무슨 말을 하는지를 들어 보아야 합니다. 하나님의 말씀과 다른 소리, 말씀과 다른 행동을 한다면 그것은 거짓입니다. 아무리 능력이 있어도 가짜입니다. 귀신도 능력을 행하고 방언을 하게 합니다.

"성령이 말하게 하심을 따라"(4절)

(1) 다른 언어의 내용은 무엇이었나요?

담대함으로 복음을 전파하였습니다. 외국인들은 "하나님의 큰 일 말함"(행 2:11)을 들었습니다. '하나님의 큰일'은 무엇일까요? 23-24절에 보면 예수 그리스도의 죽음과 부활임을 알 수 있습니다.

4절에 **"성령이 말하게 하심을 따라" 말하는 것이 성령 충만의 외적 증거 중 하나입니다. "…다른 언어들로 말하기를 시작하니라"**(4절). 오순절에 성령 받은 제자들은 현상적으로 외국어를 했다는 것입니다(11절). 오늘날의 영적인 언어인 방언과는 다르다고 생각됩니다.

사람은 예언을 하고, 어떤 사람은 병 고치는 기적을 베풉니다. 어떤 사람에게는 사람이 보기에는 놀라운 성령의 각양 은사들이 많이 나타납니다. 그러나 그것만 가지고는 성령 충만한지를 분명히 알 수 없습니다.

각 외국어의 내용은 무엇일까요? 그 내용이 중요합니다. "우리가 다 우리의 각 언어로 하나님의 큰 일을 말함을 듣는도다" **'하나님의 큰 일'**을 증거했습니다. 2-4장을 보면 성령 충만한 사도들과 초대교회 일곱 집사들은 담대히 예수 그리스도를 증거합니다. **"사도들이 큰 권능으로 주 예수의 부활을 증거하니"**(행 4:33). 그렇습니다. 하나님의 큰일 행하심은 예수님의 죽으심과 부활입니다(행 2:23, 32, "이 예수를 하나님이 살리신지라 우리가 다 이 일에 증인이로다").

오순절 성령 충만의 방언 현상의 결과는 복음 전도였습니다. 성령이 말하게 하심을 따라서 다른 언어로 말하는 것을 보고, 듣고, 외국에서 순례 온 각국 사람들이 놀랐습니다. 더 놀라운 것은, 성령 받은 제자들이 전하는 메시지의 내용이 '부활' 메시지로 일치했다는 것입니다.

말씀대로 사는 삶과 예수님의 죽으심과 부활을 증거하는 삶은 성령의 열매입니다. 하나님 말씀 순종과 복음 증거는 마귀가 하지 못합니다. 그러므로 성령 충만을 받는 것은 총체적 인격적 체험입니다.

(2) 방언은 무엇인가?

사도행전 2장에서는 다른 말, 즉 외국어라고 할 수 있습니다. 사람들이 말을 하는데 외국에서 온 사람들이 들을 때 자기 나라 말로 들린 것입니다. "태어난 곳의 언어"로 사투리까지 정확하게 듣게 되었습니다(2:8). 한 가지 말을 하였는데 여러 나라에서 온 사람들이 각각 자기 말로 들었는지, 방언을 각 나라 말로 하였는지는 분명치 않습니다(8절). 그러나 각 나라 사람들이 듣고 이해하고 소동하였습니다.

오늘날 선교학자들은 세계 언어가 약 7,000개 정도라고 합니다. 갈릴리 출신의 억양을 가지고 있는 사도들이 순례 여행 온 외국인들이 태어나서 살고 있는 "각 나라의 언어"로 말하고 있는 모습은 그것을 보는 사람들에게 엄청난 충격이었습니다.

성령 충만 받은 제자들의 복음 전도의 활동은 6-7절에서 세 가지 단어로 표현합니다. "대소동", 혼돈이란 뜻입니다(confusion). "다 놀랐다"(amazed), 아무도 해석할 수 없는 놀라움이었습니다. "기이히 여겼다"(marvel, 놀라운 일), 기적과 같은 일로 생각했던 것입니다.

여기서 사도행전 2장의 방언과 고린도전서 14장에 바울이 언급한 방언은 다릅니다. 사도행전 2장은 각 나라 사람들이 알아들었고, 고린도전서 14장에 나오는 방언은 다른 나라 사람들이 알아듣지 못함으로, 바울은 공중 예배에서는 질서를 위해 금하고 있습니다. 안 믿는 사람들이 교회에 왔다가 이들이 알아듣지 못하므로 미쳤다고 할까 오해할 수 있기 때문입니다(고전 14:23). 그래서 통역하는 자가 있을 때에만 방언을 하여 교회에 덕을 세우라고 말합니다(고전 14:28, 40).

오순절 방언 현상의 의미

오순절 방언으로 인한 언어의 일시적인 통일은 바벨탑 사건의 반전입니다. 창세기 11장을 보면, 인간들이 바벨탑을 쌓다가 언어가 혼잡해지자 이들은 천하 각국으로 흩어졌습니다. 인간들의 교만과 죄악 때문에 언어가 갈라진 것입니다. 그런데 언어의 혼잡이 일시적이나마 오순절 성령 강림으로 '언어의 일치'를 가져옴으로, 성령의 오심으로 인해 언어 회복을 경험한 것입니다.

천국에서는 언어의 혼잡이 완전 사라집니다. 저는 성경에서나 간증에서나 "천국 가서 말이 안 통하더라"는 말을 들어 본 적이 없습니다.

바벨탑 사건에서 모든 사람들이 한 번도 배워 보지 못했던 언어로 말하기 시작했듯이, 120명의 제자들은 그들이 한 번도 경험해 보지 못한 외국어를 말하게 된 것입니다. 바벨탑 사건에서 사람들이 갑작스러운 언어의 혼잡에 놀랐듯이, 오순절에 성령으로 말미암은 많은 외국어가 순례 온 외국인과 서로 통하는 사실에 놀랐습니다.

더욱 놀라운 것은, 그들이 각각 한 말들의 내용이 '예수 부활'로 같았다는 사실입니다. 그것은 한 성령이 각 사람에게 역사하신 증거로 "성령이 말하게 하심을 따라" 말한 것입니다.

"천하 각국"(5절): 예루살렘에서 땅끝까지

"천하 각국"은 모든 족속이란 말과 동일합니다. 그리고 5절에는 예루살렘을, 9절에는 유대를, 10절에는 로마를 소개하고 있습니다. 9-10절의 각 나라를 기록한 목적은 성령의 오심을 통해서 세계선교를 보여 주기 위함입니다(행 1:8). 누가는 당시 지중해 문화권과 연결된 전 세계를 기록하고 있습니다. 가장 가까운 곳은 유대이고, 가장 먼 곳은 로마입니다. 사도행전 1장 8절처럼, 성령이 임하고 복음이 땅끝까지 전파될 것을 보여 주는 것입니다.

바야흐로 성령의 능력을 통한 선교의 시대가 시작되었음을 알려

주는 것입니다. 성령의 오심으로 성령받은 제자들은 온 땅에서 하나님의 영광을 노래하고, 하나님의 구원을 받은 모든 족속이 땅끝에서 하나님을 찬양하는 역사가 나타날 것을 미리 보여 주는 것입니다.

결론 | 성령 충만을 받은 제자들은 어떻게 되었나요? 사도행전 1장 8절 "권능을 받고 증인이 되리라"는 예수님의 말씀대로 전 세계에 "하나님의 큰 일"을 증거하는 증인이 되었습니다. **하나님의 말씀은 반드시 이루어집니다!** 성령 충만 받고 부활의 증인이 다 되시길 축복합니다.

기도 | 하나님 아버지, 성령을 갈망합니다. 우리도 변화되게 하시고 세상에 선한 충격을 주는 부활의 증인이 되게 하소서. 예수 그리스도의 이름으로 기도합니다. 아멘.

06

초대교회 생활

행 2:42-47

성령 충만한 초대교회는 어떤 신앙생활을 하였을까요? 본문은 **초대 예루살렘 교회 성도들의 삶을 보여 줍니다.**

1) 배우는 교회(42절)

말씀의 훈련이 있는 배우는 교회였습니다(42절). "사도의 가르침을 받아"(42절, apostles' teaching)에서 '사도'는 복수형이고, '가르침'은 단수형입니다. 그 의미는 사도들의 가르침은 통일성이 있었다는 것입니다. 통일된 가르침은 '하나님의 아들, 예수님의 죽으심과 부활'(22-23절)입니다. 사도들이 전한 말씀이 사도성을 보여 줍니다. 교회는 이러한 사도들이 받아서 전한 '하나님의 말씀을 선포하는' 사도성이 있어야 합니다.

사도성은?

주님께 받은 말씀을 바로 선포하는 것입니다. 역사적으로 로마 가톨릭교회는 교황이 사도성을 가지고 있다고 합니다. 그러나 사도성은 사람이 아니라 말씀과 관계됩니다. 사도들이 예수님께 받은 말씀을 바로 선포하는 것이 사도성입니다.

교회에 모여서 예배를 드리는 이유 (1)

검증된 영적 지도자를 통하여 사도적 말씀을 바르게 배우기 때문입니다. 인터넷상에서 검증되지 않은 분이 전하는 메시지와 예배로 만족한다면, 영적 분별력이 부족한 사람이 바른 신학을 알지 못하고, 어떤 말씀이 바른 성경 해석인지 분별하지 못하여서 잘못된 신앙에 빠질 수 있습니다.

초대 예루살렘 교회는 배우기에 힘썼고 겸손했습니다. 초대교회에서 우리는 배워야 합니다. 그들은 겸손했습니다. 그들은 성령을 받았다고 해서 교회의 지도자 없이 믿음 생활을 할 수 있다고 생각하지 않았습니다. 초기 예루살렘 교회 성도들은 사도들로부터 가르침을 받는 일에 열정을 가졌고, 그 가르침을 꾸준하게 받았습니다. 성령 충만한 교회는 바른 영적 지도자와 함께 말씀의 훈련이 있는 교회입니다. 하나님의 영이신 성령은 하나님의 백성으로 하여금 하나님의 말씀에 순종하도록 이끄십니다.

하나님 말씀은 신앙생활의 뼈대요, 뿌리입니다. 말씀 없이 영적 체험만을 추구하는 것은 위험한 신앙생활입니다. 그것은 뿌리 없는 나무요, 열매 없는 나무입니다. 베드로와 스데반의 설교를 보면 구약 성경에 정통하고 있습니다. 우리도 하나님 말씀을 바로 배울 때 바른 말씀을 전할 수 있습니다.

2) 사랑의 교제가 있는 교회(42-46절)

초대 예루살렘 교회는 "서로 교제하며 모든 물건을 서로 통용하는"사랑의 공동체였습니다. 초대교회는 교제가 있었습니다. 초대교회는 'Koinonia'(fellowship)가 있었습니다. "믿는 사람들이 다 함께 있어"(44절)에서 "πιστεύοντες ἦσαν ἐπὶ"는 미완료 과거형입니다. 미완료 과거형의 더 정확한 해석은 '믿는 사람들이 함께 있었고, 그들은 아직도 함께 있었다'라는 의미를 담고 있습니다. 초대 예루살렘 교회는 그리스도를 따르기 위해 늘 모였다는 것을 보여 줍니다. 이 문장에서의 '함께'는 물리적으로 함께 있는 것뿐만 아니라, 동일한 목적을 가지고 모여 있음을 의미합니다.

따라서 이 문장은 그리스도를 믿는 사람들이 항상 모여 있었다는 것을 나타내면서, 그들이 공동체 생활을 하고 있음을 간접적으로 나타내고 있습니다. 초대교회가 각자의 가정을 버리고 모두가 한 공동체 생활을 했다는 말은 아닙니다. 그리스도를 향한 믿음 때문에 신자들이 자주 모였다는 의미가 일반적 해석입니다.

교회에 모여서 예배를 드리는 이유(2)

한 공동체에 속한 성도들은 서로 교제하며 권면과 격려로 믿음이 성장하기 때문입니다. 히브리서 10장 24-25절의 말씀은 예배와 교제를 강조합니다.

> "모이기를 폐하는 어떤 사람들의 습관과 같이 하지 말고 오직 권하여 그 날이 가까움을 볼수록 더욱 그리하자"(히 10:25).

교회 모임은 세상 모임과 다릅니다. 세상 사람들의 교제는 식사나 술자리, 취미생활, 운동활동 같은 것입니다. 그런데 성도는 성령 안에서 교제를 하는 것입니다. 교회 공동체는 예수 안에서 하나님의 자녀 된 형제, 자매입니다. 초대 예루살렘 교회는 심지어 모든 물건을 서로 통용하고, 공동으로 같이 사용하였습니다. 이러한 유무상통은 예루살렘 교회의 특이한 현상이었습니다.

오순절 성령 충만한 상태에서 예루살렘 교회에 나타난 특이한 현상입니다.[7)]

성도의 교제는 받는 것과 주는 것의 두 가지를 의미합니다(하나님께 받고 주고, 성도에게 받고 주고). 하나님의 은혜를 받아야 하는데(고후 13:13) 교회 나와서 구원받고 거듭나고, 성령 충만 받는 것은 참으로 중요합니다. 하나님의 은혜를 받아 누리고, 또 받은 은혜를 나누어 주어야 합니다. 구약의 성도들은 가난한 자를 돌보는 강한 전통

7) 반면에 다른 이방 교회에는 당시에 사유재산이 있었습니다.

이 있었습니다. 그들 소산의 십일조를 "레위인과 객과 고아와 과부에게"(신 26:12) 주어야 했습니다.

성령 충만한 신자들이 어떻게 구약의 성도들보다 덜 줄 수 있겠습니까? 그 원리는 사도행전에 진술되어 있습니다.

"각 사람의 필요를 따라 나눠 주며"(행 2:45).

"그 중에 가난한 사람이 없으니…그 판 것의 값을…각 사람의 필요를 따라 나누어 줌이라"(행 4:34-35).

사도 요한은 말합니다. 우리가 재물을 가지고 있으면서 **나누지 않는다면 어떻게 하나님의 사랑이 우리 안에 거한다고 주장할 수 있겠습니까?(요일 3:17)** 그리스도인의 교제는 서로를 돌봄(care)이며, 그리스도인의 나눔입니다. 구제는 당연히 해야 할 일입니다. 초대교회의 성령 충만한 신자들은 예수님의 공동체에 빈곤을 줄이고 궁핍함을 폐하는 일에 책임감을 느꼈습니다.

3) 예배하는 교회(42, 46-47절)

"그들이…떡을 떼며 오로지 기도하기를 힘쓰니라"(42절). "떡을 떼며"는 성찬을, "음식을 먹고"(46절)는 애찬을 의미합니다. "집에서 떡을 떼며…음식을 먹고"(46절)에서는 성찬과 애찬을 구분했습니다. 46절은 성찬의 예배를 의미합니다. 예배는 성전 앞뜰이나 넓은 가정집을 이용하였습니다. 성전에 모이기를 힘쓰며 집에서 떡을 떼었습니다. 제자들은 예수님이 제정하신 성찬식을 중요시하며 지켰음을 알 수 있습니다.

초대교회도 오늘날 이민 교회처럼 먹는 것이 중요했습니다. 당시 사회는 먹을 것이 부족하여 두 끼로 만족하던 시대였습니다. 노예와 가난한 자들은 배가 고팠으므로 음식을 기대하고 교회에 예배하러 왔습니다. 교회 예배에는 성찬과 애찬이 함께 있었습니다. 성만찬과 말씀 선포와 기도는 초대교회의 예배의 중심이었습니다(42절).

고린도전서 11장 33-34절을 보면, 부자들이 먼저 와서 음식을 다 먹어버려서 늦게 일을 마치고 온 가난한 사람들을 부끄럽게 하였습니다. 초기 교회 성도들이나 오늘날에나 음식 때문에 마음을 상하기도 하는 것입니다.

바울은 그와 같은 행태를 호되게 나무랍니다. 부자들이 같은 형제 자매에게 배려하는 마음이 있어야 바른 예배와 교제를 할 수 있다고 했습니다. 초대교회는 "기쁨과 순전한 마음으로 음식을 먹고"(ate together with glad and sincere heart) 찬미했습니다(praising God). 초대교회의 예배는 기쁨이 넘쳤고 경건했습니다. 예배는 하나님이 주시는 기쁨과 함께 축제가 되어야 합니다. 하나님이 주시는 기쁨과 하나님을 향한 경외감이 균형을 이루어야 합니다.

4) 전도하는 교회(47절)

불신자들에게 믿는 자의 기쁨을 보여 주고 있습니까?

"온 백성에게 칭송을 받으니(enjoying the favor of all the people) 주께서 구원받는 사람을 날마다 더하게 하시니라"(행 2:47).

사람들이 우리의 빛과 기쁨을 보고 감탄하는 반응이 있어야 합니다. 그때에 주님이 교회의 부흥을 주십니다.

교회 부흥의 주체자는 주님입니다. “주께서 구원받는 사람을 날마다 더하게 하시니라”(47절). 교회가 할 일은 예배드리고 전도하고 부활의 주님을 증거하는 것입니다. 우리의 삶을 통해서 ‘구원받은 기쁨’을 보여 줄 때 주님이 부흥을 주십니다.

여러분의 교회에 이런 소문이 들리길 원합니다. “○○교회 다니는 성도들은 얼굴이 다 환합니다. 그 교회 성도들은 예배를 귀하게 여기고 먼 곳에서 온다고 합니다. 교회를 자랑하고, 자부심을 가지고 목사님을 자랑하고, 성도들을 자랑하고, 항상 찬양하고 언제나 마음의 여유가 느껴집니다! 죽음을 두려워하지 않고, 믿음의 확신이 있고, 부활의 주님을 자랑하는 성도들입니다.”

저는 기도합니다. ‘여러분 한 사람이 세상 사람 100명을 감당하는 용사’가 되길 기도합니다.

여러분이 속한 교회가 세상 기준으로는 작든지 크든지 간에, 주님 기준으로 큰 교회로 하나님께 인정받는 교회가 되길 바랍니다. 성도 한 분 한 분이 세상에 ‘선한 영향력’을 주는 축복의 통로, 믿음의 용사가 되시길 축복합니다. 여러분이 속한 교회가 이런 소문이 나면, 어떤 교회인가 궁금해서라도 한번 와 볼 것입니다.

선교의 성령

초대교회 성도들은 말씀을 배우고, 교제를 나누고, 예배드리는 일을 하면서 부활의 주님을 증거하는 일을 잊지 않았습니다. 그들이 증인의 삶을 살았던 것은 이들은 성령 충만했기 때문입니다. 성령은 선교하는 일을 주도하시는 '선교의 영'이기 때문입니다. 성령께서는 끊임없이 교회로 하여금 복음을 증거하게 하셨고, 교회는 확장되었습니다. 성령은 성령의 사람들을 선교하도록 이끄셨습니다. 그들 중에는 베드로, 스데반, 빌립, 안디옥 교회, 바울 등이 있습니다.

***　　탈북자를 위한 교회(김은진 사모의 간증)

김은진 사모가 어린 나이에 북한에 살 때, 할머니는 성경을 필사해서 읽었고 예배를 인도했습니다. 적게 모이면 5명, 많이 모이면 8명 정도 모였습니다. 그녀는 가게를 하시는 아버지 집 앞에서 놀면서 망을 보았습니다. 누가 오면 빨리 가서 어른들에게 알려주었습니다.

아버지는 자신이 열두 살 때에 보위부에 잡혀가서 돌아오지 않았다고 합니다. 집에 도청 장치가 있었고, 아버지가 잡혀간 후에 고모가 왔습니다. 그러고는 어머니에게 "형님! 어린 것들 데리고 믿음을 잃지 않도록 하시오! 나는 지금 가면 보위부가 나와 있을 거요! 나는 준비됐소!" 하면서 눈물을 흘렸습니다. 고모가 집으로 돌아가니 보위부 요원들이 기다리고 있었습니다. "너희 오빠가 예수쟁이인데, 너는 안 믿는다고 하면 안 데려가겠다." 고모는 "저도 하나님을 믿습니다" 해서 잡혀갔습니다. 그 후로 생사를 알 수 없다고 합니다.

할머니는 아버지가 잡혀가신 후에 충격으로 보름 후에 돌아가셨습니다. 할머니는 예배드리러 오는 분들에게 차비를 드렸고,

찬송가 455장(새찬송가 370장) "주 안에 있는 나에게"를 가장 좋아하셨습니다. 예배를 드릴 때, 기도도 소근소근했고, 찬송도 가사 하나 하나가 깊은 마음의 기도였다고 합니다. 북한 성도는 가사를 음미하면서 울면서 물고기처럼 입을 벌리며 찬양합니다. 할머니는 항상 "이 세상은 헛것이니 김일성, 김정일 믿으면 안 된다"라고 하시며 "저기 하늘 나라에 가야 된다" 할 때 목이 메었습니다.

아버지가 끌려가시고 남은 가족은 산속으로 추방당했습니다. 해가 늦게 뜨고 일찍 지는 곳입니다. 처음에는 "죽이지 못해서 이 산속으로 보냈구나!"라고 했는데, 시간이 지나 "우리가 살던 곳에 살았으면 굶어 죽었을 것인데, 밭에 곡식을 일구어서 살 수 있구나!"라고 하게 되었습니다. 주님의 은혜였습니다. 그런데 가장 고통스러웠던 경험은 사람들의 말입니다. "총알이 아까우니 재네는 생체실험으로 쓸 거야!"라는 소문을 들었습니다. 때때로 산골에서 부웅부웅 차 소리만 나도 자다가 일어나서 "때가 됐나 보다. 우리를 데리러 왔나 보다" 했습니다. 그때마다 엄마는 "괜찮다. 할머니와 아빠가 우리를 내려다보며 기도하고 있다. 한 번은 죽을 텐데 그래도 우리는 천국에 가지 않냐? 우리는 괜찮다" 하셨습니다.

그렇게 세월이 10년이 흘렀습니다. 중국에서 전화가 왔습니다. 그는 목사님이신데 할머니를 잘 알고 어머니도 아시는 분입니다. 우여곡절 끝에 통화가 되었습니다. 어머니가 딸에게 말합니다. "너는 젊으니 아빠의 뒤를 이어 더 많이 배워서 하나님 일 해라!" 어머니에게 같이 가자고 이야기할 때 "그냥 가라! 나는 늙었으니 너는 가라!” 도청될까 봐 눈물만 뚝뚝 흘리며 손으로 가라는 시늉만 했다고 합니다.

결국, 딸은 국경을 넘었고, 그다음 날이 수요일이라 중국의 교회에 갔습니다. 십자가 찬양이 교회 밖에까지 울려 퍼졌습니다. “이렇게 찬양해도 됩니까? 북한에서는 숨죽이고 찬양했는데. 이렇게 마음껏 찬양하다니!” 그녀는 예배 내내 울었다고 합니다.

한국에 와서 열심히 살았고, 지금은 북한 선교를 꿈꾸는 탈북자교회의 사모가 되었습니다. 그 후에 어느 날 기도가 응답되어서 어머니도 한국으로 올 수 있었습니다. 아빠와 할머니의 기도가 먼 훗날에 응답된 것입니다.

결론 | 우리는 초대교회의 신앙생활에 대해 살펴보았습니다. 우리에게 신앙의 자유를 주신 하나님께 감사합시다. 내가 속한 교회가 있다는 것과 예배의 귀중함을 깊이 깨달으시기 바랍니다. 신앙의 참 자유를 누리는 성도가 되시길 축복합니다.

기도 | 좋으신 하나님, 신앙의 자유를 주셔서 감사합니다. 세상의 유혹에 쓰러지지 않고 바른 믿음, 바른 예배를 지키는 그리스도인이 되게 하소서. 예수 그리스도의 이름으로 기도합니다. 아멘.

07

예수의 이름으로 일어나라

행 3:1-10

성령 충만하면 능력 충만해집니다. 성령 충만하면 복음을 증거하게 됩니다. 결과적으로 교회가 성장합니다. 그런데 성령 충만의 핵심은 무엇일까요?

성령 충만은 예수 충만

성령 충만은 예수 그리스도의 영으로 충만해지는 것입니다. 고린도전서 12장 1-3절을 보면, 예수의 주님 되심을 선포하는 것이 기준입니다. 예수 충만이 성령 충만의 증거가 됩니다. 성령 충만은 예수의 영이신 성령께서 내 인격과 삶을 온전히 주장하는 상태입니다.

예수님이 교회를 만드셨고, 예수님이 교회를 다스리십니다. "교회 안에 예수 그리스도의 주권, 즉 주님의 다스림이 드러나는가?"를 기준으로 참교회를 구분할 수 있습니다. 교회 안에 "예수 그리스도의 이름이 있는가?"를 살펴야 합니다. 오늘의 교회는 참교회가 아닌 껍데기뿐인 교회가 많이 있습니다. 예수님의 주님 되심이 높여지는 교회인가를 살필 수 있길 바랍니다.

예수님의 주 되심을 인정하는 교회가 성령 충만한 교회입니다. 예수님의 주님 되심을 인정하는 삶을 사는, 성령 충만한 능력 있는 그리스도인이 다 되시길 바랍니다.

1) 예수 이름이 능력입니다.

'예수의 이름'은 기독교의 능력이요, 본질입니다. 예수 그리스도의 이름이 선포될 때, 날 때부터 앉은뱅이였던 자가 일어서는 기적이 일어났습니다(행 3:6).

> "너희가 십자가에 못 박고 하나님이 죽은 자 가운데서 살리신 **나사렛 예수 그리스도의 이름으로** 이 사람이 건강하게 되어 너희 앞에 섰느니라"(행 4:10).
>
> "다른 이로써는 구원을 받을 수 없나니 천하 사람 중에 **구원을 받을 만한 다른 이름을** 우리에게 주신 일이 없음이라"(행 4:12).

여러분이 속한 교회를 살펴보십시오. '예수 그리스도'가 주님인가요, 아닌가요? 예수 이름이 선포되는가요, 사람의 이름이 선포되는가요? 교회 전통이 중요한가요, 예수님이 높임받는 것이 중요한가요?

예수 이름의 능력이 선포된다면?

껍데기 교회가 아니라 능력의 교회입니다. 찬양 속에 중요한 본질은 '멋있는 찬양팀과 악기 연주가 아니라 찬양 속에 예수의 이름이 높여지는가?'입니다. 능력의 이름 예수가 높임을 받는다면 껍데기 예배가 아니라 능력의 예배가 되는 것입니다.

은과 금은 교회의 본질이 아닙니다

큰 건물과 금 장식은 교회의 본질이 아닙니다. 구원의 이름, 예수 그리스도의 능력이 있는가? 그것이 본질입니다. 우리는 예수님 믿고, 죄 사함받고 구원을 받았습니다. 사람에게 제일 본질적 복은 죄로부터 영혼이 구원받는 것입니다. 하나님의 자녀가 되어 영원히 주님과 함께 왕 노릇 하는 것입니다. 이 땅에서 육적인 축복은 본질적 축복 그다음입니다. 교회는 본질을 회복해야 합니다. 예수의 이름 안에 모든 능력이 있습니다. 예수 이름 안에 축복이 있습니다. 그러므로 **능력 있는 그리스도인은 예수 그리스도를 바로 알고, 바로 믿고 주님과 동행하는 것**입니다.

*** 사형수 호성(박효진 장로님의 간증에서)

호성이가 아버지, 어머니, 형님, 형수, 어린 조카를 무참히 살해하고 집 앞마당에 암매장한 일로 잡혀 왔습니다. 경찰들은 이 사건을 이해할 수 없었습니다. 박효진 장로님은 호성이를 만나서 기도해주고 상담하는 과정 중에, 그를 괴롭히는 악령의 존재에 대해 들었습니다. 그 괴물 악령을 두려워하는 그에게 복음을 전하고, 예수님을 영접시키고, 성경 찬송을 주어서 감방에 돌려보냈습니다. 그는 사형수이기에 쇠고랑을 채웠습니다.

그런데 밤중에 큰 사고가 터졌습니다. 호성이가 숨을 못 쉬고 죽어가는 것입니다. 몸을 브리지(다리) 자세로 휘기도 하고 고통스러워했습니다. 감방장이 그를 살리기 위해서 몸을 찌르고 흔들어도 숨을 쉬지 못했습니다. 죽어가던 마지막 순간에 ○○○ 뭐라고 그러더니 "휴-" 하며 숨을 쉬었습니다.

어떻게 된 것인지 장로님이 다음 날 그 소식을 듣고 가서 물어보았습니다. 성경책을 주면서 괴물이 또 나타나거든 "나사렛 예수 이름으로 물러가라!"라고 외치라고 가르쳐 주었는데, '나사렛'이 생각이 안 나서 끙끙거리다가 마지막에 그냥 "예수 이름으로 물러가라!"고 소리쳤더니 떠나갔다고 합니다. 그렇습니다. 예수 이름이 능력입니다. 예수 이름이 권세입니다.

그 후 같은 감방의 죄수들이 겁이 덜컥 났습니다. "그 악한 놈이 나에게 들어오면 어떡하나?" 그 감방에 있는 죄수들 12명이 모두 다 선서를 합니다. 감방장부터 시작해서 손을 들고 "지금부터 나는 예수 믿기로 선서합니다"라고 했습니다. 그 소문이 퍼져 나가서 그해에 서울구치소에서 수백 명이 예수님을 믿게 됐습니다. 예수 이름의 능력을 경험한 호성이는 변화되었고, 사형이 집행되던 마지막 죽는 순간에도 죽음을 두려워하지 않고 "하늘 가는 밝은 길이"를 찬양하면서 하늘나라로 갔습니다. 이를 본 수많은 사람들에게 감동을 주었습니다.

예수님은 구원의 이름입니다. 권세의 이름입니다. 회복의 이름입니다. 치료의 이름입니다. 능력의 이름입니다.

신앙생활에서 가장 먼저 할 것은?

예수 믿는 그리스도인의 최우선 순위는 예수님의 주님 되심(Lordship)을 인정하는 것입니다. 돈, 명예, 병의 치료, 직장, 진급 등은 예수님 안에서 다 회복될 수 있습니다. 먼저 믿음의 본질을 회복해야 합니다. 예수 이름 안에 참 평화가 있습니다. 예수 그리스도의 이름 안에 참 기쁨이 있습니다. 나에게 오는 "우울증은 떠나갈지어다"라고 선포하십시오. 하나님이 창조하신 에덴 동산은 질병과 죽음이 없었습니다. 죄가 없는 천국에는 질병도 없습니다. **예수님의 다스림이 있는 곳이 천국입니다.**

2) 능력의 이름을 소유하라!

이름은 그 존재의 전 인격을 의미합니다. 예수 이름은 예수님의 전 인격을 의미합니다. 예수님의 이름을 부른다는 것은 그분의 전 인격을 필요로 한다는 것입니다. 예수님을 간절히 부르는 것은 예수님을 '나의 주님으로 온전히 모시길 원하는 행동'입니다.

> "영접하는 자 곧 그 이름을 믿는 자들에게는 하나님의 자녀가 되는 권세를 주셨으니"(요 1:12).

우리는 예수님을 나의 구원자요, 내 삶의 주님으로 모셔야 합니다. 그런데 예수님의 이름을 주문 외우듯이 말하면 어떻게 될까요? 마귀가 먼저 알고 달려듭니다(행 19:15). 하나님이 바울을 통해 능력을 행하게 하시니, 스와게의 일곱 아들이 귀신을 쫓아내다가 시험 삼아 주 예수의 이름을 빙자하여 불렀습니다. 그러자 "악귀가 대답하여 이르되 내가 예수도 알고 바울도 알거니와 너희는 누구냐?" 하고 공격하니 옷이 벗겨져서 벗은 몸으로 도망쳤습니다.

온전한 믿음이 능력을 가집니다. "그 이름을 믿으므로…완전히 낫게 하였느니라"(행 3:16). "예수 그리스도를 온전히 믿느냐? 주님으로, 왕으로 온전히 섬기느냐?"에 따라서 그분의 능력이 나를 통해 나타납니다. 베드로와 요한은 그 이름을 믿는 믿음이 있었기에 "예수 이름으로 일어나 걸어라!"고 합니다. 믿음 없이 보고 배워서 믿음 없이 주문처럼 외우면 기적이 일어날까요?

나는 영적으로 앉은뱅이가 아닌가(행 3:2) 깊이 생각해 보아야 합니다. 나는 영적 장애자가 아닌지를 생각해야 합니다. 실제로 성전 미문 앞의 앉은뱅이는 희망이란 단어가 마음에 없었을 것입니다. 그는 나면서부터 걸을 수 없었고, 40년 동안 이렇게 살아왔습니다. 날마다 남의 등에 업혀서 구걸하기 위하여 성전 미문에 왔습니다. 혹시 아직도 다른 사람에게 이끌려서 할 수 없이 교회에 나오지는 않으시나요? 교회에 발을 들여놓은 지는 오래되었지만 아직도 어린아이 신앙에 머물러 있지는 않습니까?

앉은뱅이가 성전에 나온 목적은 다른 사람들과 다릅니다. 그는 예배를 위해 온 것이 아닙니다. 찬양하기 위해 온 것이 아닙니다. 출입하는 사람들에게 구걸하기 위해 왔습니다.

베드로와 요한은 예수님의 주님 되심을 인정했고, 주님이 원하시는 그 사역을 했습니다. 거기에서 예수님이 치료하셨습니다. 베드로의 능력이 아닙니다. 예수 그리스도를 통하여 나타난 그 믿음으로 치료된 것입니다(행 3:16).

> "…예수로 말미암아 난 믿음이 너희 모든 사람 앞에서 이같이 완전히 낫게 하였느니라"(행 3:16).

그 앉은뱅이 거지는 발목에 힘을 얻고 걷게 되었습니다. "걷기도 하고 뛰기도 하며" 육체의 치유가 일어났습니다. 육체와 영혼은 따로가 아닙니다. 회복된 그 사람은 성전으로 들어가면서 하나님을 찬양했습니다(행 3:8). 그는 이제 예배자로, 예배하러 성전에 들어갈 수 있게 되었습니다.

기도의 삶(1절)

베드로와 요한은 기도의 삶을 실천했습니다. 기도 시간에 성전에 올라가다가 이 기적을 경험합니다. 사도들은 기도했고, 성령 충만했고, 예수 충만한 삶을 살았습니다. 베드로와 요한에게는 예수 이름을 소유한 내면의 회복이 있었습니다. 신앙 회복에는 내면 세계의 회복이 필수입니다. 사도행전 8장 5~8절을 보면 "빌립이 사마리아 성에 내려가 그리스도를 백성에게 전파하니…**그 성에 큰 기쁨이 있더라**"라고 했습니다.

예수 믿으면 큰 기쁨이 있는 것입니다. 능력의 이름, 구원의 이름, 예수를 마음에 모신 성도들은 하나님의 영광을 체험하게 되고 마음에 기쁨이 있게 됩니다. 현대 그리스도인들은 주님 안에서 기쁨을 회복해야 합니다. 먼저 **기도를 통하여** 예수 이름의 능력을 경험할 수 있습니다. 신앙생활이 활기 있고, 즐겁고, 재미있고, 기쁩니다. 교회는 예수의 이름을 회복해야 합니다. 예수의 이름을 높일 때 우리는 능력 있는 기독교로 회복될 수 있습니다.

3) 예수 이름의 능력을 나누라

베드로와 요한은 예수 그리스도 이름의 능력을 알았습니다. 예수 그리스도가 구원자 되심을 선포했습니다. 사도들은 예수 이름의 능력을 깨달았습니다. 그들은 '남을 부요케 하는 자'가 된 것입니다. 사도들은 세상을 벗어나서 살지 않았습니다. 그들은 성전에 기도하러 갔습니다. 그들은 기도했고, 능력 충만했고, 사람들이 모이는 곳에 가서 전도했습니다.

사도들은 예수 이름의 능력을 나누었습니다. 예수 이름은 나눌수록 풍성한 이름입니다. 그들은 거저 받은 은혜를 나누었습니다. 그들은 주님이 주신 기쁨과 평안을 나누었습니다. 그러므로 우리 교회도 사랑을 나누어야 합니다.

베드로와 요한은 앉은뱅이에게 돈을 준 것이 아닙니다. 그들은 예수를 알게 해주었습니다. 우리도 공짜로 내가 모신 나의 주 예수를 알게 합시다. 현대의 그리스도인은 금과 은만 주고 예수 그리스도를 나누지 못하고 있습니다. 능력의 기독교를 잃어버렸습니다. 껍데기 기독교, 전통 기독교만 붙들고 있을 뿐입니다.

앉은뱅이는 원래 성전 밖에 있는 자였습니다. 그가 치료된 후에 제일 먼저 예배를 드리러 찬양하며 성전 안에 들어갔습니다. 그는 매일 누구보다 먼저 오고, 누구보다 오래 성전에 출근했지만, 참 예배를 드리지 못했습니다. 성전에 들어가고 싶었는데 40년 동안 장애인이라서 성전에 들어갈 수 없었습니다. 그는 들어가고 나가는 사람들의 얼굴만 쳐다봤습니다. '저 사람은 은혜받았고, 저 사람은 은혜 못 받았고, 저 사람은 봉사를 많이 하고, 저 사람은 착하고, 저 사람은 구제를 많이 하고…' 그렇게 평가는 할 수 있어도 정작 자기는 성전에 들어가지 못했습니다. 다른 사람이 예배드리는 것을 구경만 하고 자기는 하나님을 경험하지 못했습니다. 그는 참 예배의 체험이 없었습니다.

적용 | 우리 모두 영적 앉은뱅이일 수 있습니다. 예배 구경만 하다가 집으로 돌아가지 않나요? 교회 안에 있으나 예배 밖에 있지는 않습니까? 예수님 안에 있지 못한 자는 아닙니까? 참 예배자가 되십시오. 예수 안으로 들어오십시오.

주님이 주시는 죄 사함, 기쁨, 참 자유를 누리십시오. 예수님 안에서 죽음으로부터 자유, 고통으로부터의 자유를 체험할 때 당신은 승리자가 됩니다. 승리하는 그리스도인이 되십시오.

결론 | 능력의 그리스도인이 되십시오! 껍데기, 가짜 기독교는 떠나가라고 외치십시오. 예수의 주 되심(Lordship)을 온전히 고백하는 삶을 사십시오. 예배에 올인하십시오. 예수 이름의 능력이 우

리 내면에서부터 나타나길 바랍니다. 예수 이름의 능력을 선포하고 나누는 능력 있는 그리스도인이 되시길 바랍니다.

기도 | 존귀하신 하나님, 능력의 이름을 소유하게 하시니 감사합니다. 우리가 먼저 예수 이름으로 일어나게 하시고, 절망 속에 넘어져 있는 사람들을 일으키게 하소서. 능력의 이름, 예수 그리스도의 이름으로 기도합니다. 아멘.

08

아나니아와 삽비라 사건

●

행 5:1-11

성령 충만한 예루살렘 교회에 위기가 찾아왔습니다(행 5장). 성령 충만을 가장 싫어하는 존재는 마귀 사탄입니다. 예루살렘 교회가 성장할 때, 사탄의 공격이 시작되었습니다. 드러나지 않게 조용히, 은밀히 교회의 중요한 사람들을 쓰러뜨리기 시작했습니다. 사실 초대교회에 성령이 불같이 임했을 때, 기적과 능력이 나타나고 회개의 역사가 나타났습니다. 기도 충만은 성령 충만을 가져왔고, 성령 충만은 예수의 이름을 높이는 예수 충만을 가져왔고, 전도 충만을 가져왔습니다. 성령 충만의 결과로 하루에 삼천 명이 세례를 받기도 했습니다. 놀라운 교회 부흥이 일어났습니다.

예배 공동체, 성령 공동체에 놀라운 부흥의 물결이 일어난 것입니다. 이것을 누가 제일 싫어하겠습니까? 그렇습니다. 마귀 사탄입니다. 마귀 사탄은 성도의 공동체인 교회를 파괴하려고 합니다. 그러므로 정신을 차리고 믿음에 견고히 서서 신앙생활을 해야 합니다.

거짓 영의 침투

거짓의 영이 예루살렘 교회 안에 들어왔습니다. 아나니아와 삽비라 부부를 공격했습니다. 그 부부는 예루살렘 교회의 초창기 멤버였습니다. 재산도 있고, 신앙도 남들이 보기에는 믿음이 있어 보이는 부부였습니다. 사탄은 이들 부부 마음속에 들어가서 그들을 파괴하고, 교회를 파괴하려고 했습니다.

본문 바로 앞절인 사도행전 4장 36-37절을 보면, 바나바라는 사람이 있습니다. 그가 자기 밭을 팔아서 사도들 앞에 내놓았습니다. 그리고 그 돈으로 가난한 사람들을 도왔습니다. 성도들이 바나바를 존경하고 칭찬하는 것을 보면서, 교회의 일원이었던 아나니아는 질투를 느낀 것 같습니다. 그래서 아나니아도 자기 소유를 팔았습니다. 그리고 교회에 바쳤습니다. 그런데 그들 부부는 비극적 죽음을 맞이했습니다. 이 사건은 온 교회와 듣는 사람들에게 두려움을 주었습니다. 우리에게도 큰 충격을 던져줍니다. "하나님, 너무하시는군요", "사랑의 하나님이 웬일이시지" 하는 의문을 품게 합니다.

바나바와 아나니아 차이

바나바와 아나니아의 구제는 사람이 보기에는 똑같은 것이었습니다. 자기의 소유를 팔아서 사도들 앞에 내놓았습니다. 그러나 하나님이 보시기에는 전혀 다른 것이었습니다. 5장 1-2절에 나타납니다. 아나니아 부부만의 은밀한 대화가 있었습니다. 성경은 기록합니다. "그 값에서 얼마를 감추매."이 말은 그 재산을 팔고 얼마를 감추어 놓고는 다 드린 것처럼 속인 것입니다. 이것이 문제였습니다. 그들 부부의 죄가 무엇인가요? '성령'을 속인 것입니다(3-4절). 베드로 사도는 그것을 하나님께 거짓말한 것이라 지적합니다.

거룩하고 성결하신 하나님은 교회가 거룩하길 원하셨는데, 교회 안에 '거짓의 영'이 들어온 것입니다. 만약 거짓의 영이 들어왔는데도 분별하지 못하고 사탄에게 휘둘린다면 어떤 결과가 나타날까요? 그 교회는 '파멸'되는 것입니다. 바나바와 아나니아의 외형은 똑같았습니다. 사람은 구별하기가 어렵습니다.

그러나 하나님은 구별하십니다. 바나바는 성령에 이끌려 헌금했습니다. 아나니아는 체면을 위해 헌금했습니다. 그리고 바나바와 비교하면 작은 재산의 반을 드리면서 거짓 영에 이끌려서 다 드렸다고 거짓말을 한 것입니다. 하나님은 거짓의 영을 따르며 성령을 속이는 것을 강하게 다루십니다. 베드로가 이르되 "사탄이 네 마음에 가득하여 네가 성령을 속이고 땅 값 얼마를 감추었느냐…사람에게 거짓말한 것이 아니요 하나님께로다"(3-4절)라고 하자, 아나니아가 이 말을 듣고 엎드러져 혼이 떠나갔습니다. 죽었습니다. 엄청난 충격입니다.

세 시간쯤 지나서 그의 아내가 들어와서 또 거짓말을 했습니다. "너희가 어찌 함께 꾀하여 주의 영을 시험하려 하느냐?" 그의 아내 삽비라도 또 죽었습니다. 이 일을 듣고 온 교회 성도들이 벌벌 떨었습니다.

거짓을 엄히 다루시는 하나님

하나님은 교회 안의 거짓을 엄격하게 다루셨습니다. 거짓의 행동은 '거짓의 영'인 사탄을 따른 행동입니다. 그래도 어떻게 하나님이 그렇게 강하게 아나니아 부부를 벌하셨을까요?

현대 교회에서 '그보다 더 심한 일도 있었지만 안 죽던데…'라고 생각할 수 있습니다. 고(故) 옥한흠 목사님의 설교에 의하면, 교인 중에 십일조와 헌금을 돌려 달라고 요구한 경우가 실제로 있었다고 합니다. 그래서 "하나님께 드린 헌금은 이미 드린 것이니 교회가 내어줄 수 없고, 형편이 어려우신 것 같으니 교회에서 구제비로 돌려드리겠습니다"라고 하였다고 들었습니다.

초대교회의 시작은 순결의 능력이 너무나 중요했습니다. 사탄은 에덴 동산을 죄로 파괴하였듯이, 처음 예루살렘 교회의 순결을 파괴하려 했습니다. 하나님은 그 영적 순결을 유지하기 위해 시범 케이스로 하나님의 거룩을 보여 주신 것입니다.

오늘날 교회도 성장하는 가운데 불순물이 낍니다. 하나님은 껍데기 기독교가 아닌 능력의 기독교가 되길 원하십니다. 능력의 그리스도인(power Christian)이 되려면 예수의 이름이 높임받게 하고, 거짓의 영은 발을 못 붙이게 해야 합니다.

'거짓의 영' 마귀 사탄이 교회에 침투해 들어오면 어떻게 해야 할까요? 사도 바울은 에베소서에서 강하게 말합니다.

"마귀에게 틈을 주지 말라"(엡 4:27).

첫째, 말 조심하십시오. 특별히 말하는 가운데 마귀가 틈을 탑니다. 말은 긍정적이고 축복의 말만 하십시오. 말을 잘 못하면 그곳에 마귀가 역사합니다.

"무릇 더러운 말은 너희 입 밖에도 내지 말고 오직 덕을 세우는 데 소용되는 대로 선한 말을 하여 듣는 자들에게 은혜를 끼치게 하라"(엡 4:29).

둘째, 분을 내지 마십시오. 화를 낼 때 마귀가 틈을 탑니다.

"분을 내어도 죄를 짓지 말며 해가 지도록 분을 품지 말고 마귀에게 틈을 주지 말라"(엡 4:26-27).

해가 지고 잘 때가 되었는데, 여전히 화를 내고 있다면 화해하십시오. 하루 이상 계속 내가 화를 내고 있다면 이것은 마귀가 분내게 하는 것이 아닌가를 생각해야 합니다. 성령의 열매는 온유와 희락과 화평입니다. 마음의 천국이 임한 사람은 성령 안에서 의와 평강과 희락이 넘치는 것입니다.

셋째, 물질에 대한 욕심 때문에 마귀가 틈을 탑니다.

"욕심이 잉태한즉 죄를 낳고 죄가 장성한즉 사망을 낳느니라"(약 1:15).

헌금 드리는 마음의 자세

사도행전 5장의 아나니아 부부 사건의 핵심은 '헌금을 많이 내라'는 것이 아닙니다. 하나님의 관심은 헌금하는 우리의 마음 자세를 귀하게 보십니다. 물질을 대하는 태도가 분명해야 합니다. 우리는 다윗으로부터 헌금 드리는 태도를 배울 수 있습니다. 다윗은 "…이처럼 즐거운 마음으로 드릴 힘이 있었나이까 모든 것이 주께로 말미암았사오니 우리가 주의 손에서 받은 것으로 주께 드렸을 뿐이니이다"(대상 29:14)라고 합니다.

우리의 고백은 "모든 것이 하나님의 것입니다. 더 드려야 되는데 이것밖에 없어서 죄송합니다. 그래도 정성껏 가져왔습니다"라고 고백해야 할 것입니다. 물질이 내 것이라고 생각할 때에 그 마음에 마귀 사탄이 틈을 타고 거짓이 교회 안에 들어옵니다.

아나니아는 물질은 아깝고, 교회의 리더이니 체면은 있고, 거짓말을 하였습니다. 그는 처음에는 아마도 다 드리려고 했을 것입니다. 그래서 다 내겠다고 했을 것입니다. 그가 한 말은 있고, 돈은 아깝고, 그래서 반을 감추고 "이것이 땅 판 돈 다입니다" 하고 헌금했습니다. 이는 사도를 속인 것이 아니라 하나님을 속인 죄라는 것입니다.

갑자기 큰 돈이 생긴다면

만약 여러분에게 갑자기 많은 돈이 생기면 여러분은 어떻게 하나님께 감사를 드리겠습니까? 우스운 이야기가 있습니다. 교인 셋이 갑자기 큰돈을 많이 벌었다고 합니다. 그런데 하나님께 감사하는 방법이 각각 달랐습니다. 한 사람은 땅바닥의 위에서 아래로 직선으로 선을 긋고 선풍기에 돈을 날렸습니다. "오른쪽 것은 하나님 것, 왼쪽에 떨어지는 것은 내 것"이라고 했습니다. 두 번째 사람은 동그라미를 그렸습니다. 그리고 하늘에 던졌습니다. "동그라미 안에 떨어지는 돈은 내 것, 동그라미 밖에 떨어지는 돈은 하나님 것"을 외쳤습니다. 마지막 사람은 허공에 돈을 뿌리면서 외칩니다. "하늘에 계신 하나님! 하나님 것은 다 가지세요! 그리고 땅에 떨어지는 것은 다 내 것입니다."

주의하십시오. 사탄은 물질 문제에 제일 쉽게 다가옵니다. 출애굽기 6-11장을 보면, 애굽의 바로는 이스라엘 민족의 예배를 방해하고, 드림의 헌신을 방해하고, 거룩의 능력을 훼손시킵니다(출 10:8-11).

거짓 영을 분별하려면?

성령 충만하면 거짓 영을 분별합니다. 베드로는 즉각적으로 알았습니다. 즉각적으로 영의 분별이 되지 않고 모를 때는 어떻게 할까요? (1) 하나님 말씀에 맞는가를 확인해야 합니다. 어떤 명분도 아무 소용없습니다. 말씀에 일치해야 합니다. (2) 하나님이 기뻐하시는가? (3) 하나님 나라에 유익일까? (4) 우리 교회에 유익이 되나를 신중히 기도하며 생각할 때, 성령께서 깨달음을 주십니다.

아담과 하와가 에덴 동산에서 죄를 짓게 된 것도, 거짓의 영인 사탄에게 틈을 주고 그의 말에 속았기 때문입니다. "하나님이 참으로 너희에게 동산 모든 나무의 열매를 먹지 말라 하시더냐"(창 3:1). 하나님은 단 하나 선악을 알게 하는 과실을 먹지 말라 하셨고, 모든 것을 먹으라 하셨는데, 사탄은 말을 바꿔서 "모든 것을 먹지 말라"고 한 것처럼 거짓으로 바꾸었습니다. 오늘날에도 거짓의 영, 마귀 사탄에게 속아서 죄짓는 사람들이 교회 안에 많이 있습니다. 우리 모두가 속한 교회마다 거짓의 영을 분별하고 대적할 수 있길 바랍니다.

적용 | 1) 거짓의 영을 분별하라

예수 그리스도의 다스림이 있는 곳에는 거룩과 영적 순결의 능력이 있습니다. 교회 안에서 거짓말이 난무해서는 안 됩니다. 성결의 영이신 성령 안에서 회개해야 합니다.

제가 Los Angeles에서 개척 교회를 섬길 때, 교회가 마귀의 영적 공격을 받았던 적이 있습니다. 교회에서 기도를 할 때면 머리카락이 쭈뼛 일어섭니다. 피부에 소름이 돋습니다. 마귀의 공격이 느껴집니다. 나중에 알고 보니 교회가 계속 문을 닫고 나간 건물입니다. 예전에 그 건물에서 살인 사건도 있었습니다. 악한 마귀가 거짓으로 휘젓고 인간 관계를 한번 휘저으니까 교회가 소용돌이 속으로 들어갔습니다. 그리하여 교회가 참 어려워졌던 경험이 있습니다.

결국 승리했습니다. 영적 분별력과 기도로 승리했습니다. 그때 기도하면서 하나님 말씀을 깨달았습니다. 구약시대에 역사하셨던 하나님은 지금도 살아 계셔서 분명히 역사하신다는 것입니다. 죽음을 기다리던 모르드개를 역전시키신 하나님은 오늘날에도 역사하십니다.

2) 거짓의 영을 대적하라

에덴 동산에서 하와는 사탄을 대적하지 못했습니다. 보암직하고 먹음직하고 탐스러움을 보고 속아 넘어갔습니다. 아간은 전리품에 욕심을 내었습니다(수 7장). 여리고성의 모든 것이 하나님께 드려진 것인데, 그는 탐심으로 훔쳤습니다. 시날 산의 아름다운 외투를 보고 욕심을 냅니다. 금덩이를 보고 욕심을 내었습니다. 은덩이를 보고 욕심을 내었습니다. 훔쳤습니다. 그래서 한 사람이 마귀에게 넘어짐으로 이스라엘이 아이성 전투에서 패하고 많은 사람이 죽었습니다.

"마귀를 대적하라 그리하면 너희를 피하리라"(약 4:7). 믿음은 두 종류로 구별됩니다. 구원받는 믿음과 성화하는 믿음이 있습니다. 예수 그리스도의 형상까지 닮아 가는 것이 구원의 극치입니다. 하나님의 영광을 위하여 생명을 걸어야 합니다. 경건과 순결을 깨려는 마귀를 대적하십시오. 영적 잠에서 깨어나십시오. 안일주의에서 벗어나십시오. 거룩하게 살려는 노력을 합시다.

마귀는 능력 있는 그리스도인을 피합니다. 기도로 찬양으로 마귀를 대적하십시오. 하나님의 영광을 위한 거룩의 삶으로 대적하십시오. "사탄아 떠나가라!" 하고 선포하십시오. 그러나 사람을 향해 선포하시면 안 됩니다. 서로를 향해 "사탄아 물러가라" 하면 그 공동체는 아수라장이 되고 싸움터가 됩니다. 사탄의 술수에 넘어가게 됩니다.

교회는 사람과 싸우면 안 됩니다. 서로 감정싸움이 되어서 멱살을 붙들고 싸운다면 성경에도 맞지 않고 하나님의 영광을 가리게 됩니다. 나의 감정을 내려놓고 기도해야 합니다. 그리고 싸움의 자리를 피해야 합니다. 영적 전쟁에 승리해야 평화가 오게 됩니다.

결론 | 성령 충만하여 영적 분별력을 가지십시오. 사탄에게 틈을 타지 못하게 하십시오. "사탄아 물러가라!" 선포하고 대적하고 승리하는 신앙생활을 하시기 바랍니다.

기도 | 사랑하는 하나님, 거짓의 영을 따랐던 우리의 탐심과 행위를 회개합니다. 성령 충만을 주시고 영적 분별력을 주시고, 능력 있는 그리스도인이 되게 하소서. 거룩과 순결을 회복하게 하소서. 예수 그리스도의 이름으로 기도합니다. 아멘.

09

베드로의 감옥 탈출

●

행 5:17-32

아나니아와 삽비라 사건 이후에 교회는 성장했지만 초대교회 성도들을 향한 핍박도 점점 거세졌습니다. 아나니아 사건 이후에 사도들과 성도들은 담대히 하나님의 말씀을 전했습니다. 사두개인들이 사도들을 협박하고 다시는 복음을 전하지 못하게 했는데, 사도들은 그 말을 무시하고 그냥 복음을 전했습니다.

종교지도자들은 베드로를 체포해서 감옥에 가두었습니다(5:18). 그리고 공회에서 베드로를 심문하려고 간수를 보냈는데 빈 감옥이었습니다(5:23). 그들이 베드로를 찾아보니 그는 성전에 찾아온 사람들에게 부활의 예수님을 선포하고 있었습니다. 제사장들이 사도들을 잡으러 보냈는데, 백성들이 크게 반응하고 있어서 사도들을 조용히 끌고 갔습니다(5:26).

기적의 감옥 탈출

베드로의 감옥 탈출 사건은 기적입니다. 이런 기적이 사도행전에 2회 기록되어 있습니다(5:18-19, 12:5-11). 바울도 빌립보 감옥에서 탈출할 기회가 있었지만, 그는 탈출하지 않고 전도와 교회 개척의 기회로 삼았습니다(행 16장).

사명자의 길에는 기적이 따릅니다. 하나님이 사명자를 통해 일하시기 때문입니다. 천사가 감옥에서 베드로를 내보내 주었습니다. 천사의 도움으로 감옥에서 나왔을 때, 베드로와 사도들은 주님의 명령대로 새벽부터 성전에 달려가서 전도했습니다. 그들의 뜨거운 관심은 복음 증거였습니다.

부활하신 주님이 디베랴 호수에서 베드로와 사도들에게 사명을 맡겼습니다(요 21장). 주님은 그리스도인들에게 사명을 맡기셨습니다(마 28:18-20; 행 1:8). 사명자 베드로가 복음을 증거할 때 하나님의 사인(sign)과 기적이 일어났습니다.

중국 감옥 탈출 사건: 하늘에 속한 사람

《하늘에 속한 사람》(홍성사)이란 책은 중국 기독교의 척박한 현실과 억압된 상황 속에서 죽음의 경계를 넘나들었던 한 성도의 체험을 담고 있습니다. 윈 형제가 1984년 중국 공안 당국에 잡혀 고문을 당합니다. 그때 그는 지하교회 지도자로서 자신의 정체를 털어놓으면, 그 지역 성도들이 위험에 빠지는 위급한 상황이었습니다. 공안이 그의 이름과 주소를 밝히라고 위협과 구타를 가하자 그는 크게 외쳤습니다. "나는 하늘의 사람입니다. 주소는 천국입니다." 그 신호를 듣고 가까운 가정집에 모여 있던 성도들이 도망 칠 수가 있었습니다.

그는 30번이 넘게 공안 경찰에게 잡혀 감옥에 들어갔습니다.

⑴ 전기봉 사건

그는 감옥에서 전기봉으로 고문을 받았습니다. 전기봉의 고통은 수천 개의 화살이 심장에 꽂히는 것 같은 고통입니다. 윈 형제가 그 고통을 이기는 길은 예수님의 십자가를 묵상하는 것이었습니다.

한번은 "네놈이 하늘의 사람이라면 전기봉을 무서워하지 않겠구나. 이걸 네 손으로 붙잡아 봐라" 하며 강제로 잡게 했습니다. 그 순간 그는 수백 볼트에 감전되면서 이렇게 소리쳤습니다. "주님, 제게 자비를 내려주소서!" 그런데 갑자기 전기봉의 작동이 멈추었습니다. 간수가 고장난 전기봉을 고쳐보려고 했지만 소용없었습니다. 그는 간수장을 노려보았습니다. 간수장은 정신없이 도망쳐 버렸습니다.

⑵ 감옥에서 보호하심

윈 형제는 감옥에서 하나님의 뜻을 알기 위하여 74일간 금식을 합니다.[8)] 물 한 방울, 곡식 한 톨 먹지 않고 74일을 금식한 것을 감옥의 공안들과 모든 사람들이 알았습니다. 보통사람들은 식음을 전

---

8) 일반 상식으로는 도저히 납득되지 않는 놀라운 일입니다. 나중에 유튜브를 통해 윈 형제의 인터뷰를 보았는데, 많은 사람들에게 74일 금식이 논란이 일어 사회자가 질문을 했습니다. 윈 형제는 당시에 자신은 감옥에서 순교하여 죽기를 원했으나 사명이 있기 때문에 하나님께서 기적으로 생명을 보존하셨다고 답하였습니다.

폐하면 10-15일이면 죽습니다. 나중에는 간수장이 금식하는 그를 더욱 핍박합니다. 오물통에 던져 넣기도 했습니다. 그의 이불에 오줌을 싸기도 했습니다. 그런데 하나님은 옴이라는 피부 전염병으로부터 그를 보호해 주십니다(옴은 너무나 전염력이 강한 피부병입니다).

결국 간수장이 무릎을 꿇고 "윈, 내가 어떻게 해야 구원을 받겠나?" 하며 예수 그리스도를 영접했습니다. 그 후 간수는 감옥에 물이 없으므로 물 몇 방울로 세례를 받았습니다.

⑶ 감옥 탈출

중국 허난성의 정저우 최고 보안 감옥에서 기적적으로 탈출합니다. 베드로를 예루살렘 감옥에서 구출하신 하나님은 윈 형제를 구출하셨습니다. 당시 윈 형제의 다리는 부러진 상태였습니다. 예수님이 그의 다리를 고치셨고, 쇠문 세 개를 가로질러서 마당을 유유히 걸어서 정문으로 나왔습니다. 간수들이 총으로 저격할 수 있었는데, 하나님이 그들의 눈을 가려 주신 것입니다. 할렐루야!

⑷ 중국 탈출–독일 입국

사실상 여권 사진과 얼굴이 달랐습니다. 비행기를 타기 전에 여권 속 사진의 얼굴은 대머리였습니다. 윈 형제는 머리카락이 많았습니다. 그런데 공항 출입국 직원은 여권에 스탬프를 찍어 주었습니다. "분명히 이것은 당신 것이 아니오" 하면서 보내주었고, 독일 입국 시에도 통과되었습니다. 1997년 9월 기적적으로 중국 감옥을 탈출하여 독일로 망명하였고, 그 이후에는 세계 복음화를 위해 간증과 말씀 사역을 하고 있으며, 오늘날 이스라엘 복음화를 위해 헌신하고 있습니다.

본문으로 돌아가 사도행전 5장 20절에서 주의 천사가 베드로와 사도들에게 "가서 성전에 서서 이 생명의 말씀을 다 백성에게 말하라!" 하였습니다. 죽지 말고 생명의 말씀을 전해야 할 사명을 주셨고, 베드로는 "이제 탈출했으니 멀리 도망가자"가 아니라 주의 말씀에 순종하여 생명 걸고 복음을 전파하였습니다.

아프리카에서 나타난 기적

아프리카 나이지리아 선교사였던 안건상 목사님이 우리 교회에 오셔서 전해주신 이야기입니다. 에티오피아의 한 감옥에 '세상이 감당치 못하는 사람'이 있었습니다. 그 사람은 감옥 안에서 복음을 전하는 사람이었습니다. 간수가 호통칩니다. "네가 이곳을 신학교로 만드는구나. 나가라!" 그래서 세상이 감당치 못하는 그 사람은 감옥에서 쫓겨납니다.

그리고 그는 노방 전도를 다닙니다. 그는 전도의 삶을 살면서 하루는 무장한 반군들을 만납니다. 반군들이 그를 잡아서 손을 뒤로 묶고 무릎을 꿇리고 목을 앞으로 빼게 합니다. 칼로 목을 치려고 합니다. 그때 "주여! 이 사람을 불쌍히 여겨주소서!" 하고 기도했습니다.

그 광경을 보고 이상히 여긴 군인이 그를 반군 대장에게로 인도했습니다. 그를 죽이려 할 때 "주여, 이 사람을 불쌍히 여겨주세요"라고 또 기도합니다. "이런 미친 놈을 봤나! 당장 보내라!"

그 후에 어떻게 되었을까요? 10년이 지났습니다. '세상이 감당치 못하는 사람'은 목사 안수를 받고, 미국 시카고 트리니티 신학교에 유학을 하게 되었습니다. 할렐루야!

유대 종교 지도자들은 예수 이름을 전하지 못하게 막았지만, 베드로와 사도들은 예수 이름을 가르쳤습니다(28절). 베드로와 사도들은 대답했습니다. "사람보다 하나님께 순종함이 마땅하니라"(29절). 공회의 핍박와 협박 속에서도 사도들은 전도했습니다. 우리 각자에게도 맡겨주신 사명이 있습니다.

우리의 공통 사명은 "예수님의 증인이 돼라"(행 1:8)입니다. 사명자의 길을 갈 때 기적이 나타날 것입니다. 사명자는 예수와 함께 고난과 기쁨을 동시에 경험합니다(행 5:40-41).

1) 예수의 부활

베드로가 전한 전도의 내용은 무엇입니까? 핵심은 예수의 부활입니다(30절). 베드로는 우리가 믿는 하나님에 대해 본문에서 설명합니다. 삼위일체 하나님을 설명합니다(30-31절). (1) 이스라엘의 성부 하나님은 예수를 살리시고 회개함과 죄 사함을 주시고, 예수님을 높여서 임금과 구주로 삼으셨습니다. (2) 성자 예수님은 아버지의 뜻을 이루고, 죄 사함을 주시려고 십자가에 죽으시고 부활하셨습니다. (3) 성령 하나님은 그리스도인을 부활하신 예수의 증인이 되게 하십니다(32절, 행 1:8). 성령은 그리스도인의 마음에 믿음(내적 확신)을 주시고 간증하게 합니다.

2) 증인의 삶

부활하신 주님을 만났던 사도들은 성령 받은 후에 변화되었습니다. 성령 충만, 예수 충만했던 사도들은 예수 이름을 위해 협박과 핍박받는 것을 기뻐했습니다(41절). 사도들은 죽도록 충성하고 있습니다. 핍박받던 사도들은 하늘의 상을 알고 있습니다. 분명히 하나님이 주시는 상(prize)이 있습니다(마 5:11; 히 11:6).

> "의를 위하여 박해를 받은 자는 복이 있나니 천국이 그들의 것임이라 나로 말미암아 너희를 욕하고 박해하고 거짓으로 너희를 거슬러 모든 악한 말을 할 때에는 너희에게 복이 있나니 기뻐하고 즐거워하라 하늘에서 너희의 상이 큼이라 너희 전에 있던 선지자들도 이같이 박해하였느니라"(마 5:10-12).

베드로가 예수님의 고난과 죽으심을 반대할 때, 예수님은 "십자가를 지고 나를 따르라"(마 16:24)고 말씀하셨습니다. 사도들은 핍박받는 환경에서도 집에서나 성전에서나 예수는 그리스도(구원자, 메시아)라고 전도하였습니다.

화형당하는 전도자

오늘날에도 세계에는 핍박받고 화형당하는 전도자가 많습니다. 네팔에서 전도자가 복음전도를 했다고 눈을 가리고 산채로 불에 태워 죽이는 사진을 보았습니다. 지금도 세계 곳곳에서 예수를 선택하면 죽음의 위협이 있는 지역들이 많이 있습니다. 한국은 어떤가요? 미국은 어떤가요? 미국은 종교의 자유를 말하지만 점점 세속화되고 타락하고 있습니다. 하나님의 말씀대로 사는 사람들은 시대의 흐름을 모르는 바보 취급을 당하고 있습니다. 그러나 하나님을 높이는 증인의 삶을 사는 사람들도 많이 있습니다.

NBA 프로농구에서 케빈 듀란트는 NBA 최우수 선수(MVP) 상을 2014년과 2019년에 두 차례 수상하였습니다. 케빈 듀란트는 2014년 수상 소감에서 하나님께 영광을 돌렸습니다. 그는 2008년에는 데뷔 신인상을 받았습니다.

그는 가난과 검은 유혹의 도시 워싱턴 DC 외곽지역에서 자랐습니다. 그가 악한 유혹에 빠지지 않은 것은 하나님에 대한 믿음이 있었기 때문입니다. 그의 수상소감 첫 마디는 "하나님이 내 삶을 바꿔주셨습니다"였습니다. 그리고 "농구는 도구에 불과하다는 것을 깨달았습니다"라면서 그는 자신이 영광받지 않고 하나님께 영광을 돌렸습니다. 그리고 어머니와 동료들에게 감사를 드렸습니다.

결론 | 베드로는 예수 이름을 증거하다가 감옥에 갇혔으나 하나님께서 그를 보호하셨습니다. 그는 성령 충만하고 예수 충만했습니다. 그는 하나님이 주시는 기적을 경험했습니다. 그리고 베드로는 순교하기까지 충성했습니다. 우리 모두가 부활하신 예수님을 담대히 전하는 증인의 삶을 사시기 바랍니다.

기도 | 사랑의 하나님, 우리도 복음을 담대히 증거하게 하시고, 기적을 경험하게 하소서. 우리가 사명자의 길을 잘 가게 하시고, 하늘의 상급을 많이 쌓게 하소서. 예수 그리스도의 이름으로 기도합니다. 아멘.

10

예루살렘 교회의 문제 해결

행 6:1-7

영국 런던에서 목회하셨던 스펄전 목사님에게 한 사람이 찾아왔습니다. "목사님, 문제가 없는 교회, 완전한 교회를 찾습니다. 소개해 주십시오." 목사님이 대답합니다. "완전한 교회는 없습니다." 돌아서서 가는 그에게 다시 말합니다. "형제여, 혹시 찾거든 그 교회에 등록하지 마십시오. 형제가 그 교회의 일원이 되시면 그 교회는 완전이 깨질 것입니다."

그렇습니다. 지상에 완전한 교회는 없습니다. 좋은 교회가 있을 뿐입니다. 좋은 교회는 좋은 성도들이 모여 좋은 교회가 됩니다.

헬라파 유대인과 히브리파 유대인

초대 예루살렘 교회는 점점 성장하게 됩니다. 그런데 성령 받은 그 교회에도 문제는 있었습니다. 당시 1세기 예루살렘에는 두 부류의 유대인들이 있었습니다. 히브리파 유대인과 헬라파 유대인입니다. 헬라파 유대인은 헬라말을 모국어로 사용했고, 헬라문화에 익숙했던 디아스포라입니다. **디아스포라**는 **흩어져 사는 이민자**들을 일컫는 헬라어입니다.

헬라파 유대인은 그리스 문화권에서 살던 유대인들이 예루살렘으로 귀환한 사람들입니다. 헬라 배경의 유대인들은 그들 중심으로 회당을 만들고 모임을 가졌습니다. 나중에 스데반은 이들 회당에 가서 복음을 전파했습니다(행 6:9).

반면에 히브리파 유대인은 나면서부터 예루살렘에 살던 유대인입니다. 그들은 헬라파와 서로 갈등을 빚고 충돌을 일으키곤 했는데, 예루살렘 교회에서도 이와 같은 충돌이 일어난 것입니다. 쉽게 말하면, 서울의 한 교회에서 미국으로 이민 갔다가 다시 한국으로 역이민 온 성도들과 한국에서만 살았던 성도들 간에 충돌이 일어난 것입니다.

예루살렘 교회가 성장하면서 **언어의 갭과 문화의 갭이** 드러났습니다. 교회 안에서 문화의 큰 차이가 나타나는 것은 미국 한인 이민교회의 문제이기도 합니다. 성도들 사이에 언어의 불통은 오해를 일으킵니다.

예를 들면, 광고를 할 때 히브리말로 하면 헬라파 유대인들은 이해를 못합니다. "○○장소에 오후 ○시에 와서 쌀을 받아 가세요!" 하면 다른 문화권에서 온 교인들이 "왜 우리는 쏙 빼놓고 왕따를 시키나? 차별 대우를 받았다. 기분이 나쁘다"라고 불평합니다.

언어의 불통에서 오는 오해는 예루살렘 교회의 큰 문제가 되었습니다. 가난한 사람들에게 먹고 사는 생계 문제, 경제적 구제 문제는 심각한 상황으로 번집니다. 사탄이 틈을 타서 교회가 분열될 상황이 되었습니다. 이러한 복잡한 문제를 사도들이 해결하였습니다.

예루살렘 교회는 어떻게 문제를 해결하였는가?

1) 먼저 믿은 자들이 기득권을 포기합니다.

사도들이 속한 히브리파가 양보하였습니다. 사도들은 히브리파 유대인들이었습니다. 먼저 믿는 자들이 주도권을 포기했고, 양보했고, 차라리 손해를 보았습니다. 오늘날 교회 성장의 걸림돌 중 하나는 변화를 거부하는 것입니다. 기득권자들은 새로 온 사람들에게 "로마에 왔으면 로마법을 따르라"고 합니다. 새로 오는 성도들의 생각을 무시하는 것입니다. 고여 있는 물은 썩습니다. 샘물은 썩지 않습니다. 새로운 물이 나와야 썩지 않습니다. 교회는 새로 오는 성도들을 최대한 편하게, 그리고 친절하게 맞이해야 합니다. "오! 예수님 오셨습니까?" 하는 심정으로 말입니다.

*** 사람의 눈은 자외선(보라색 파장)보다 더 짧은 파장을 보지 못합니다. 또 적외선(붉은색 파장)보다 더 긴 파장을 보지 못한다고 합니다. 사람의 눈은 영적 세계도 볼 수 없습니다. 그러나 성령의 렌즈로 보면 우리의 영안이 열립니다. 영적인 눈을 뜨면 무엇이 더 귀한지를 알게 됩니다. 영의 눈을 뜬 사람은 이 세

상의 차원을 넘어서 영원한 삶을 바라보게 되는 것입니다.

영생을 소유한 사람은 영원의 관점에서 생각합니다. 그리스도인은 영원의 관점에서 살아가야 합니다. 영원을 보는 사람은 현실의 문제에 양보할 수 있게 됩니다.

히브리파 유대인의 양보는 교회 성장을 위한 준비였습니다. 화해를 통하여 문제가 해결되었습니다. 사도들이 히브리파에 속하였으니, 실제로 새로운 일꾼 일곱 사람은 모두 헬라파에서 뽑았습니다(5절). 지도자 사도들은 히브리파로서 영적인 판단을 합니다. 교회 행정과 봉사일을 헬라파에게 넘겨줍니다.

사실 외국에서 영구 귀국한 과부들은 친지가 없어서 더 힘든 생활을 했습니다. 그래서 교회는 이민 경험이 있는 헬라파 사람들에게 돕는 구제의 일을 맡겼던 것입니다.

오늘날에도 교회는 먼저 믿는 성도들이 나중 믿는 성도들에게 주인의식을 갖도록 도와주어야 합니다. 새로 온 사람들이 교회에서 열심히 일할 수 있도록 기회를 양보할 줄도 알아야 합니다. 그들은 당시 히브리인들이 모아놓은 구제 자금을 헬라에서 온 유대인들과 함께 나누었습니다.

사실 연고가 있는 사람들보다도 객지에서 왔으나 남편이 없었던 사람들이 훨씬 힘든 생활을 한 것은 사실입니다. 일곱 명의 집사는 모두 헬라파 사람들이었습니다.[9] 예루살렘 교회의 기득권을 가지고 있던 히브리파의 양보는 교회의 부흥을 가져왔습니다.

9) 그리스어로 '디아코노스'(διάκονος)라는 용어로 사용되며, 이는 '봉사자'를 의미합니다. 봉사자들은 집사와 전도자의 일을 하였고, 오늘날 집사의 최초 기원으로 볼 수 있습니다.

2) 본질 목회로 문제를 해결했습니다.

예루살렘 교회의 사도들은 본질을 붙드는 목회를 선포합니다. 그것은 말씀과 기도를 붙드는 목회입니다(4절). 사도들은 선언합니다.

"우리는 오로지 기도하는 일과 말씀 사역에 힘쓰리라."

(1) 기도에 힘쓰는 교회(6:4): "기도하는 일…힘쓰리라"

목회자에게 있어서 본인의 영성 관리를 위한 기도는 가장 중요합니다. 교회 지도자가 성령 충만해야 영적으로 나눌 것이 있습니다. 교회 지도자는 중요합니다. 교회 목회자가 행정적인 잡다한 일로 지치면 영혼을 돌보는 일에 소홀해집니다. 교회는 예배드리는 일(하나님의 이름이 높여지는 일), 복음 전도하고, 선교하는 일이 가장 본질적인 일입니다. 목회자가 분주한 일을 하다가 지치면 본질적인 일을 할 수가 없습니다.

가정에서나 교회에서나 먹는 것은 매우 중요합니다. 교회에서 모임 후에 가난한 상황 때문에 음식을 안 싸준다고 섭섭해하는 분들도 가끔 있습니다. 사도들의 주업무는 교회 안에서 구제가 아니라 기도와 말씀 사역입니다. 장로, 권사, 집사님들이 성도를 돌볼(care) 수 있습니다.

사도들은 예배에 집중하기로 결단합니다. 기도에 힘쓰기로 합니다. 사도들은 비본질에 에너지를 낭비하지 않기로 선언합니다. 그렇습니다. 행정적인 일이 본질이 아닙니다. 회의가 예배보다 앞설 수 없습니다. 교회에서 회의를 해야 한다면 따로 모여서 해야지, 기도

시간과 말씀 공부 시간을 깎아 먹으면서 회의를 한다면 잘못된 것입니다.

가정에서도 마찬가지입니다. 가정의 부모가 자녀를 위해 매일 기도해 주어야 합니다. 걱정만 하지 말고, 다른 것으로 돕기보다 기도해주시기 바랍니다. 걱정하는 것 말고, 염려하는 것 말고, 매일 기도해주고 축복해 주십시오. 아이들이 부모의 품을 떠나기 전에 더욱 더 사랑하고 축복해 주어야 합니다.

은혜의 폭포수 밑에서 우리 마음의 그릇을 계속 받치는 방법은 쉬지 않고 기도하는 것입니다. 그 방법은 하나님의 임재 가운데 사는 것입니다.

기도하지 않으면 응답이 없고, 응답이 없으면 기도하지 않습니다. 영적 악순환만 계속됩니다. 매일 기도하는 사람은 응답을 경험합니다. 응답받으니 또 더 기도합니다. 기도의 사람은 하나님의 임재 가운데 삽니다. 세상 걱정에 바쁘다고 기도를 잃어버린 나약한 그리스도인들이 되지 마십시오. 기도가 가정에서 회복될 때, 기도가 교회에서 회복될 때, 교회가 기도에 온 맘으로 힘쓸 때에 능력 있는 그리스도인, 능력 있는 교회가 되는 것입니다. 마귀가 벌벌 떠는 강한 그리스도인이 되시기 바랍니다.

(2) 말씀이 왕성한 교회(6:4, 7)

"말씀을 제쳐 놓고 접대를 일삼는 것이 마땅치 아니하니"(2절).

말씀이 왕성할 때 교회가 성장했습니다(7절). 교회 지도자의 영성의 깊이는 교회의 기초가 됩니다. 양이 아니라 질이 교회의 영적 수준을 좌우합니다. 그러므로 목회자가 할 일은 최우선으로 말씀을 연구하고 증거하는 것입니다. 그리고 성도들이 영적으로 성장하도록 영의 양식을 먹이는 일이 중요합니다. 목회자가 너무 분주하면 안 됩니다. 사도들은 "기도하는 일과 말씀 사역에 힘쓰리라"(4절)라고 선언합니다. 그 이후의 결과는 부흥이었습니다(7절).

> "하나님의 말씀이 점점 왕성하여 예루살렘에 있는 제자의 수가 더 심히 많아지고 허다한 제사장의 무리도 이 도에 복종하니라"(7절).

사도들은 말씀 사역을 통하여 제자를 삼았던 것입니다. 예배 가운데 하나님 말씀이 온전히 선포되고, 말씀 훈련을 통한 가르침이 있고, 바른 제자들을 만드는 것이 본질이요 교회 부흥의 방법입니다. 기도와 말씀에 힘을 쏟는 능력 있는 교회가 되니 유대교에 속했던 제사장들도 예수를 믿는 역사가 나타났습니다(7절). 우리 삶의 현장에서도 하나님의 말씀이 왕성하면, 샤머니즘의 무당도 유교 사원의 선생도 예수님을 믿게 되는 것입니다.

산소 마스크

비행기를 타면 비상시 해야 할 행동을 교육합니다. 산소 마스크를 쓸 때 부모가 먼저 쓸까요, 아이에게 먼저 씌워야 하나요? 보호자가 먼저 산소마스크를 씁니다. 보호자가 살아야 아이를 살릴 수 있습니다. 보호자가 먼저 산소 마스크를 쓰고, 아이에게 산소 마스크를 씌워줍니다. 마찬가지로 영적인 세계도 마찬가지입니다. 부모의 영이 살아야 아이를 살립니다. 부모가 영적으로 죽으면 아이들을 살릴 수 없습니다.

목회자가 영적으로 잠들면, 교인들도 따라서 잠듭니다. 저는 성도들이 교회 와서 힘을 얻고, 위로받고, 예수 믿는 기쁨을 찾도록 도와주고 싶습니다. 그런데 그것 이상의 꿈이 있습니다. 그것은 이 세상의 수면제인 유혹에 취해 잠든 영혼들이 있다면 정신이 번쩍 들게 하고, 하나님의 영광을 위한 강한 용사들로 훈련시키는 것입니다.

부모 신앙이 우선입니다. 부모가 영적으로 깨어나야 합니다. 그래야 아이들의 영을 깨울 수 있습니다. 아이들의 신앙 교육을 수동적으로 교회에 맡기면 안 됩니다. 부모가 책임감을 가지고 자녀를 교육해야 합니다. 아이들이 미디어에 하루 7시간 이상 노출되어 있습니다. 세상 교육을 받는 학교에 일주일에 40시간 노출되어 있습니다. 우리 자녀들이 교회에서 얼마나 교육을 받나요? 일주일에 겨우 1-2시간입니다. 교회는 부모가 보여 주는 신앙교육을 돕는 역할을 하는 것입니다.

중·고등부 때 교회를 잘 다니던 아이들이 대학을 가면 그중 80%는 교회를 나가지 않는다고 합니다. 예수 그리스도를 만나야 하는데, 프로그램이나 친구를 따라 교회에 다녔으니 바른 신앙을 가지지 못한 것입니다.

미국 한인 이민교회에서는, 개척교회에 가면 목사님과 사모님이 아침에 전화로 깨워서 오게 하고 음식 싸서 갈 때 주고, 그렇게 해서 교회에 '나와 주는' 사람들이 있습니다. 억지로 교회에 겨우 나가다가, 다른 지역으로 이사를 가면, 깨워줄 정도의 친밀한 목회자 부부가 없으니 교회에 안 나가게 됩니다. 문제 있는 신앙입니다. 우리는 인격적으로 예수 그리스도를 만나야 합니다.

기독교 본질을 바로 알고, 말씀을 바로 알고, 바로 확신하고, 다른 사람에게 가르칠 수 있어야 합니다. 자기도 안 믿는데 누굴 가르칩니까? 내가 말씀으로 서지 못했는데, 어떻게 자녀들에게 신앙 교육을 합니까? 교회는 말씀이 왕성한 교회가 되어야 합니다.

3) 성령 충만한 일꾼을 세웠습니다.

"성령과 지혜가 충만하여 칭찬받는 사람 일곱을 택하라"(3절).

성령 충만한 사람이 교회에 필요합니다. 성령 충만한 사람은 믿음과 지혜가 있습니다. 성령 충만한 사람은 사람들에게 칭찬을 듣습니다. 성령의 열매가 있기 때문입니다. 성령과 지혜가 있는 일꾼이 많은 교회는 문제가 생겨도 해결됩니다.

이제 헬라파 사람들이 예루살렘 교회의 요직에 등장합니다. 새로이 들어온 사람들이 예루살렘 교회의 성장에 기여합니다. 일곱 집사는 땅끝 전도에 큰 역할을 합니다. 일곱 집사는 당시 세계 공용어인 그리스어에 능통했습니다. 교회에 핍박이 왔을 때, 일곱 집사는 헬라세계로 퍼지면서, 히브리파 그리스도인들이 할 수 없었던 세계 선교의 일들을 효과적으로 감당하였습니다.

스데반, 빌립, 바울, 바나바, 디모데, 이들은 모두 이민 1세, 1.5세, 2세들로서 복음 전도에 귀하게 쓰임받았습니다. 이민자들의 역할은 세계 선교에 너무나 중요합니다. 구약의 아브라함, 야곱, 애굽에서 요셉, 나아만 장군을 전도했던 소녀는 하나님께 크게 쓰임을 받았습니다.

우리도 하나님 나라 확장에 실제적으로 쓰임받을 수 있기를 바랍니다. 평생에 1년 이상 선교사역에 헌신합시다. 안창호 선생님은 이렇게 말했습니다. “일꾼이 없다고 말하지 말고 여러분이 일꾼이 돼라. 지도자가 돼라.” 사도들은 일곱 명의 일꾼을 뽑았습니다. 협력자를 선출했는데 오늘날 장로, 집사의 기원으로 봅니다. 그들은 안수받은 집사들이었습니다.

그들은 “성령과 지혜가 충만하여 칭찬듣는 자”입니다. 성령 충만한 사람은 성령에 이끌리어 능력 충만, 기쁨 충만하게 살면서 성령의 열매를 맺는 사람입니다. 성령 충만은 두 가지 의미가 있습니다.

성령 충만의 두 의미

첫째, 인격과 삶으로 평가되는 성령 충만(preloo)입니다. 일곱 집사에게 요구된 성령 충만은 인격과 삶이 강조되는 성령 충만입니다(행 6:5, pleres). 에베소서 5장 18절(프레로스테, πληροῦσθε; 2인칭 복수명령 수동)에 나오는 성령의 충만은 성화적 충만을 의미합니다〔참조: TDNT- 인격, 내적 충만, 장기적 충만, 성화적 충만, 눅 4:1, pleres, (성령이) 충만하여〕.

둘째, 능력과 은사로 평가되는 성령 충만(πίμπλημι)이 있습니다. 예루살렘 교회가 베드로와 함께 복음 전파를 위해 기도할 때 성령 충만이 임했습니다(행 4:30-31; 참조: TDNT- 기본형 pleo, 중복형 pimplemi).

능력 충만의 성령 충만은 지금 당장의 단기적 충만을 의미합니다. 타이어 바람을 갑지기 확 집어넣듯이 단기적으로 외적, 능력적, 사역적 충만이 임하는 상태를 의미합니다. 우리는 두 종류의 성령 충만을 모두 사모해야 합니다.

일곱 집사들은 지혜가 충만하였습니다. 지혜 충만은 무엇일까요? 지식을 바로 사용하는 능력, 말을 지혜롭게 사용하는 능력입니다. 학식이 풍부한 것을 의미하지 않습니다. 지혜는 자신이 알고 있는 그 지식을 잘 사용하는 능력입니다. 말을 잘하여 화해하는 사람이 있는 반면에, 말을 잘못 사용하여 싸움을 붙이는 사람이 있습니다. 이런 사람은 교회의 지도자가 되면 안 됩니다.

*** 디오드레베 장로는 교권을 잡고 교회에 많은 어려움을 끼쳤습니다(요한3서). 가이오 장로는 남을 세워주고, 같이 기뻐했습니다. 바나바는 권면(encourage)하는 성도요, 용기를 주는 사람이었습니다. 사도행전 11장 25절을 보면, 그는 사울을 찾으러 다소에 갑니다. 오늘날 차를 타고 가면 5시간 거리입니다. 걸어서는 일주일 이상 걸립니다. 자기가 앞장서는 것이 중요한 것이 아니라 하나님의 일이 잘되는 것을 더 원했습니다. 그래서 후배인 바울 사도를 앞장세워 바울이 일할 수 있는 기회를 열어 주었습니다.

결론 | 예루살렘 교회는 문제가 있었습니다. 그러나 어디든 문제는 있습니다. 어떻게 해결하는 것이 성경적인 방법입니까?

(1) 기득권을 포기하고 양보할 때 해결되었습니다.

⑵ 본질을 회복하기 위해 말씀과 기도로 돌아갈 때 해결되었습니다.

⑶ 성령 충만한 일꾼이 있을 때 해결되었습니다.

예루살렘 교회의 지도자들처럼 우리 모두가 성령 충만한 파워 크리스천들이 되시길 축원합니다.

기도 | 사랑의 하나님, 우리 교회는 사랑이 넘치는 좋은 교회가 되게 하시고, 문제가 생겨도 양보하고, 말씀과 기도로 문제를 해결하는 교회 되게 하소서. 예수 그리스도의 이름으로 기도합니다. 아멘.

11

하나님의 사람, 모세

행 7:20-36; 출 2:11-14

모세는 하나님의 손에 붙들려 위대하게 쓰임받았습니다. 모세는 세상이 감당치 못하는 믿음의 사람입니다(히 11장). 초대교회의 거룩한 순교자 스데반은 죽음 앞에서도 복음을 전했습니다. 모세의 일생을 40년씩 세 단계로 구분합니다. 첫 번째 단계는 I am somebody, 두 번째 단계는 I am nobody, 세 번째 단계는 마틴 루터 킹의 말처럼 I am God's body입니다.

1) 하나님이 보시기에 아름다운 사람

"그때에 모세가 났는데 하나님 보시기에 아름다운지라"(행 7:20).

모세는 하나님이 보시기에 거의 완벽하였습니다. **"하나님 보시기에 아름다운지라"는 헬라어로** '아스테이오스'(ἀστεῖος)입니다. 히브리어 '토브'(טוֹב)를 70인역에서 헬라어로 번역한 단어입니다.[10] 창세기 1장에서, 창조 후에 "하나님 보시기에 좋았더라!" '완벽하더라'는 의미입니다. 하나님의 마음을 흡족하게 했다는 것입니다. 모세의 아름다움이 하나님 보시기에 거의 완벽하였다는 것을 보여 줍니다. 영원한 현존이신 하나님께서 모세가 미래에 하나님을 위해서 할 일까지도 보시고 기뻐하신 것입니다.

2) 믿음의 사람은 낙심하지 않습니다.

믿음의 사람이 낙심하지 않음은 하나님의 신실하심을 믿기 때문입니다. 하나님의 약속과 섭리(providence)가 있어서, 최악의 환경 속에서도 모세는 죽지 않습니다. 바로의 딸이 그 강에서 목욕을 했고, 갈대 상자를 보았고, 모세의 친어머니를 유모로 임명했던 것입니다. 분명한 것은 하나님이 보시기에 아름다운 사람도, 하나님이 기뻐하는 사람도 최악의 힘든 환경을 경험할 수 있다는 것입니다. 모세는 친부모에게 버려졌고, 나라 없는 민족의 설움을 겪었습니다.

"낙심은 떠나가라!" 선포하십시오. 하나님을 신뢰하십시오. 죽음의 환경에서 태어난 모세(행 7:19-21)를 일으키신 하나님이 우리 하나님입니다. 예수 믿는 사람은 비록 낙심될 환경에서도 낙심하지 않습니다. 왜 그렇습니까? 하나님의 선하심을 믿기 때문입니다. 모세의 부모는 지금 당장 희망이 보이지 않고, 하나님은 당장 기도에 응답

10) 70인역 - 구약성경의 헬라어 번역본을 의미합니다. 고대 유대인들이 이집트로 갔을 때 구약성경을 그리스어로 번역한 것으로, 구약성경의 가장 오래된 번역 중 하나입니다. 70인역이란 이름의 유래는 70명의 유대인 학자들이 번역을 한 것에 기인합니다.

하지 않고, 심지어 하나님이 방해하는 것과 같이 여겨지는 환경이었으나, 그들은 하나님의 선하심을 믿고 모세를 살리기 위하여 갈대 상자를 만들었습니다.

모세의 일생 – 120년

모세는 120년의 인생을 살았습니다. 모세의 120년을 40년씩 3단계로 나눌 수 있습니다(행 7:23, 30, 36).

첫 번째 단계는, 애굽 궁정에서의 40년입니다. 이 단계는 학술 훈련을 받는 단계였습니다(행 7:22). 한마디로 'I am somebody' 인생이었습니다. 그는 애굽의 왕궁에서 자랐고, 나일강을 중심으로 하는 이집트 문명에서 최고의 학문을 섭렵했습니다. 22절을 보면 "모든 지혜를 배워…능하였더라"고 하였습니다. 모세는 대단한 지식인이었습니다.

21절에, 공주가 **"자기 아들로 기르매"** 원문의 의미에 따르면, 그녀는 자기 자신을 위하여 그 아이를 아들로 양육했습니다. 공주의 아버지가 왕위를 이을 아들이 없기 때문에 자신의 권력을 위해서, 자신의 아들을 왕위에 앉히려고 모세를 아들로 삼고, 학술을 다 가르쳤다고 볼 수도 있습니다.

역사가 요세푸스의 증언에 의하면, 그는 전쟁터에 나가면 용맹한 장군이었고 백전백승하는 거장이었다고 기록합니다. 이때 그는 건강과 무술과 수사학과 정치 지도력 등 모든 것에 통달했으므로 이만하면 민족을 위한 큰 뜻을 실현할 수 있다고 생각했습니다. 그는 하나님을 믿었고, 거룩한 열정을 소유했습니다. 그러나 그 결과는 실패였습니다. 하나님의 때를 앞질러 자신의 방법으로 그 일을 이루려고 했기 때문입니다. 하나님의 때가 무르익기를 기다리지 못했던 것입니다.

두 번째 단계는, 하나님으로부터 인격 훈련을 받는 단계였습니다(행 7:28, 29). 'I am Nobody'의 삶이었습니다. 모세는 하나님의 사람으로 만들어지기 위해 광야로 보내졌습니다. 모세는 철저히 부서졌습니다. 하나님께서는 그를 완전히 낮추셨습니다. 그는 스스로 'I am nobody', 즉 '나는 아무것도 아니다'라고 생각했을 것입니다. 모세 자신은 '쓸모없는 존재'라고 생각했을 것입니다.

모세가 양을 칠 때는 그의 웅변이 아무 소용이 없었습니다. 전쟁터의 용장의 전술은 전혀 쓸모가 없었습니다. 40년 동안 여자들만 있는 곳에서, 처가살이하면서 세월을 보냈습니다. 그는 오직 인내해야 했고, 가족과 양 떼들을 돌보고 사랑해 주는 일만을 했습니다. 그는 스스로 생각하기를 "I am nobody"라고 생각했을 것입니다. 어쩌면 모세는 하나님을 원망했을 것입니다.

그러나 하나님은 하나님의 사람을 쓰실 때 반드시 고난을 통과하게 하십니다. 다니엘이 사자굴을 통과했고, 요셉이 13년의 노예생활과 옥고를 통과했고, 다윗은 사울 왕의 사위였으나 언제나 목숨을 위협받았습니다. 다윗은 성령 충만했고 겸손했던 사람입니다. 그러나 하나님은 하나님의 사람을 만들기 위해서 고난을 통과하게 하셨습니다. 이것이 하나님의 사랑입니다. 이것이 하나님의 방법입니다.

하나님은 사명자를 훈련시키실 때, 낙심의 환경 속에서 영안을 뜨고 하나님만 바라보게 만드시는 것입니다. 요셉은 어떠했나요? 외부적 환경의 어려움(감옥)과 내부적 환경의 어려움(형제들의 배신, 보디발의 배신감), 야속함(2년 동안 술맡은 관원장이 요셉을 잊었다)을 다 이겨냈습니다.

세 번째 단계는, 모세가 하나님의 사람으로 쓰임받는 단계입니다(행 7:30-36). 모세는 이제 "I am God's body"(나는 하나님의 사람이다)라고 자각합니다. 하나님이 모세를 찾아오셨습니다. 광야의 떨기나무 불꽃 가운데서, 모세는 하나님을 만납니다(30절). "내가 너를 보내리라"(34절). 모세가 하나님의 사람으로 훈련된 후에 하나님은 그를 쓰셨습니다.

광야에서 하나님을 만나십시오. 하나님을 갈망하십시오. 하나님과 함께할 때 마른 막대기가 능력의 지팡이로 쓰임받습니다.

> "내게 능력 주시는 자 안에서 내가 모든 것을 할 수 있느니라"(빌 4:13).

모세가 하나님의 사람으로 만들어졌을 때, 하나님은 모세를 능력의 지팡이로 쓰셨습니다. "네 발에서 신을 벗으라"(출 3:5). "내가 너를 바로에게 보내리라"(출 3:10). 모세는 자신의 아집, 자신의 방법, 자신의 생각을 다 버렸습니다. 그는 모든 것보다 뛰어나신 하나님께 순종하기로 결심했습니다. 이제 하나님은 준비된 모세를 쓰기로 작정하셨습니다.

나의 모난 부분이 깎일 때는 고통스럽습니다. 그러나 그것이 다 깍여 나갔을 때 하나님은 우리를 쓰시는 것입니다. 이제 하나님이 그를 부르십니다.

"내가 반드시 너와 함께 있으리라"(출 3:12).

"네 발의 신을 벗으라 네가 서 있는 곳은 거룩한 땅이니라"(행 7:33).

모세는 하나님께 항복합니다. "나는 하나님의 것입니다. 하나님이 원하시는 곳에 원하시는 대로 저를 사용해 주십시오!"라고 간구합니다.

모세가 쓰임받은 결과는 어땠나요? 스데반은 설명합니다.

"이 사람이 백성을 인도하여 나오게 하고 애굽과 홍해와 광야에서 사십 년간 기사와 표적을 행하였느니라"(행 7:36).

홍해가 갈라지는 기적이 나타났습니다. 반석에서 물이 솟아났습니다. 40년간 만나라는 음식이 생겼습니다. 하나님의 임재의 표로서 불기둥과 구름기둥으로 함께하셨습니다. 기적의 연속이었습니다.

3) 하나님의 손에 붙들려 쓰임받는 사람이 되십시오.

하나님의 손에 붙잡히면 하나님이 우리를 훈련시키십니다. 하나님이 고치십니다. 하나님이 변화시키십니다. 그리고 하나님이 위대한 일을 하게 하십니다. 하나님을 바라보십시오. 하나님의 능력을 의지하십시오.

*** 어느 추운 겨울 밤에 거리의 한 모퉁이에서 한 거지가 낡고 고장난 바이올린을 켜면서 구걸하고 있었습니다. 고장난

바이올린에는 음산하고 구슬픈 불협화음이 들려왔습니다. 사람들이 관심을 가져주지 않았습니다. 이때 한 노신사가 지나 가다가 그 거지에게 잠시 바이올린을 빌려 달라고 했습니다. 그리고 그것을 여기저기 만지더니 바이올린을 켜기 시작했습니다.

그런데 놀라운 일이 일어났습니다. 지금까지 듣지 못했던 맑고 깨끗한 선율이 바이올린에서 흘러나왔습니다. 사람들이 모여들기 시작했습니다. 그중에 한 사람이 소리쳤습니다. "파가니니다. 바이올린의 거장 파가니니다."

'니콜로 파가니니'는 19세기 최대의 바이올린 연주가요, 작곡가였습니다. 그는 신기에 가까운 탁월한 기교로 전 유럽에서 인정받았습니다. 그의 상식을 뛰어넘는 연주 기교에 귀신이란 별명이 붙었을 정도였습니다. 그의 바이올린 음악은 슈만, 쇼팽, 베를리오즈, 리스트, 브람스, 라흐마니노프 등의 낭만파 음악가에게 막대한 영향을 주었습니다.

거지의 낡고 녹슬고 고장난 바이올린이 그의 손에 붙잡힌 순간, 음악이 달라졌습니다. 거지의 손에 있던 바이올린과 거장 파가니니의 손에 있던 바이올린은 같은 것이었습니다. 문제는 누구의 손에 바이올린이 들려 있느냐 하는 것입니다.

우리는 고장난 바이올린처럼, 칙칙하고 녹슬고 병들어 불협화음만 내는 인생인지도 모릅니다. 그러나 하나님의 손에 붙잡히면 하나님은 우리를 만지십니다. 변화시키십니다. 그리고 위대한 소리를 내게 하십니다.

결론 | 하나님은 저와 여러분을 향한 가장 좋은 계획을 가지고 계십니다. 하나님은 결코 우리를 포기하지 않으십니다. 하나님은 우리에게 소망을 주십니다. 하나님은 실패와 좌절 속에 있는 나를 도와주십니다. 하나님을 신뢰하고 그분만을 바라보십시오. 우리 모두가 하나님의 사람, I am God's body가 되시기를 주의 이름으로 축원합니다.

기도 | 하나님을 바라봅니다. 우리를 사용하옵소서. 모세를 쓰신 하나님이 우리를 선택하셨고, 사랑해 주시는 줄 믿습니다. 모세를 훈련시킨 하나님이 우리를 훈련시키고 계시는 줄 믿습니다. 이제 하나님의 손에 붙들려 쓰임받기를 갈망합니다. 예수 그리스도의 이름으로 기도합니다. 아멘.

12

순교자 스데반의 영성

행 7:54-60, 8:1

하나님의 사람들은 영안을 뜨고, 영원의 세계를 바라보았던 사람들입니다. 세상에 속해 살았지만, 하나님의 나라를 위해 인생을 던진 사람들입니다. 우리가 생각하고 행하는 선한 일들이 다 하나님의 일은 아닙니다. 교회 안에 있어도 자기 중심의 일을 하는 것은 하나님의 일이 아닙니다. 하나님 중심, 하나님의 뜻대로 일하는 것이 하나님의 일입니다. 예루살렘 교회의 첫 번째 순교자 스데반의 영성에 대해 말씀드리겠습니다.

1) 순교의 영성(7:54-60)

스데반은 예수를 위해 죽을 각오가 되어 있던 사람이었습니다. 스데반은 부활의 증인으로 일곱 집사 중 한 사람입니다. 스데반은 부활하신 예수님을 증거했습니다. 당시 예루살렘에는 480개 정도의 회당이 있었습니다. 그중 몇 곳에서 헬라어로 예배를 드렸습니다. 예수님은 아람어로 말씀하셨는데, 신약성경은 세계 공용어였던 헬라어로 기록되었습니다. 이와 같이 처음부터 신약성경은 열방을 향해 쓰였습니다. 신약성경은 선교적이었습니다. 스데반은 헬라인의 회당에 가서 설교하고 복음을 증거했습니다. 그러다가 큰 충돌이 일어납니다.

스데반이 성령 충만하여 복음을 전하면서, 예수를 재판했던 사람들을 향하여 "너희들이 의인 예수를 죽였도다" 하고 담대히 선포했고, 결국 스데반은 신성모독 죄로 돌에 맞아 죽게 됩니다.

그런데 의문이 생깁니다. 베드로도 스데반도 성령 충만, 능력 충만했는데, 왜 베드로의 설교에는 청중이 회개했고, **스데반의 설교에는 돌을 들고 달려들었을까요?** 여기에는 놀라운 하나님의 섭리가 있습니다.

당시 예루살렘 교회는 가정교회 중심으로 모였지만, 약 2만 명 정도 되는 예루살렘 교회에서 스데반은 촉망받던 젊은 지도자였습니다. 하나님은 그 특별한 사람을 데려가신 것입니다. 우리가 볼 때는 너무도 안타까운 일이었습니다. 그러나 하나님은 더 크신 계획이 있었습니다. 핍박을 통해, 복음이 이방세계로 더욱 퍼져 나가길 원하신 것입니다.

핍박을 피해 예루살렘 밖으로, 온 유대와 사마리아와 땅끝으로 흩어진 그리스도인의 증거를 통하여 결국 온 열방으로 복음이 전파되었습니다(행 1:8). 순교의 피를 통해 더 많은 사람이 하나님 나라 백성으로 만들어지길 원하셨습니다. 스데반 한 사람의 헌신이 백 사람, 천 사람보다 더 큰일을 해낸 것입니다.

영국의 웨슬리와 함께 복음주의 운동을 일으켰던 하나님의 사람 조지 휫필드(G. Whitefield)는 "나는 녹슬기보다 다 닳아서 없어지길 원한다. 내가 하나님 나라를 위한 망치라면 녹슬어 없어지기보다는 다 닳아서 없어지길 원한다"라고 했습니다. 무슨 말입니까? 그는 주님을 위해 일하다가 죽겠다는 것입니다. 당시 마이크 시설이 제대로 되어 있지 않던 시대에 영국과 미국에서 쉼 없이 일하다가 그는 과로로 쓰러졌습니다.

*** 예수 그리스도의 신실한 증인 **'짐 엘리엇'**이라는 청년 선교사는 '불꽃처럼 살다간 청년'입니다. 그는 스스로 하나님 나라의 소모품으로 살았고, 불꽃처럼 살다가 주님께로 갔습니다. 짐 엘리엇은 28세의 나이에 아우카족에게 가서 순교한 미국 선교사입니다(1956년 순교). 그의 아내가 **《전능자의 그늘》**, **《영광의 문》**을 썼습니다.

이 책은 미국과 한국 그리스도인들에게 큰 충격과 감동을 주었습니다. 28세에 세상을 떠난 순교자, 그가 고등학교 시절부터 써온 일기장 내용을 아내가 편집하여 세상에 내놓았습니다. 중남미 에콰도르의 소수종족에게 복음 전하러 갔던 5명의 친구들. 그들은 500명에서 1,000명도 안 되는 에콰도르의 살인부족 **아우카족**에게 복음을 전하러 갔다가 창에 찔려 순교했습니다. 선교단체가 그곳에 들어가는 것은 너무 위험하다고 만류했으나, 그들은 죽음을 두려워하지 않았습니다.

비행기가 해변에 그들을 내려놓고 떠난 후에 소식이 두절되었는데, 다시 비행기가 왔을 때 비행사는 경악했습니다. 그 바다 해변 위에 다섯 청년들이 다 죽어서 떠 있었습니다. 그때 놀라운 사실은 선교사들의 허리에는 권총이 있었습니다. 창에 찔려 죽으면서도 그들은 선교하고자, 그들이 사랑했던 원주민들에게 총을 뽑지 않았습니다. 그때 그의 아내는 유복자를 임신하고 있었습니다.

짐 엘리엇은 휘튼 대학에서 레슬링 선수, 학년대표 회장을 지냈습니다. 그는 평소에 이렇게 기도했습니다.

"주여, 예수님의 이름을 한 번도 들어보지 못한 자에게 저를 보내 주소서. 하나님은 그의 사역자들을 불꽃으로 삼으시는도다… 주여, 잠깐 살다가 **불꽃처럼** 살다가 가게 하소서."

하나님의 사람들은 영안을 뜨고, 영원의 세계를 바라보았던 사람들입니다. 그들은 세상에 속해 살았지만, 하나님의 나라를 위해 자기 인생을 아낌없이 던졌습니다.

우리의 목표는 무엇인가요? 은퇴 후의 편안한 삶입니까? 우리는 건강과 취미 활동, 여행에 관심을 가지고 있지만 성경이 가르치는 인생은 "하나님의 창조의 목적대로 살다가 갈 때 가장 행복하다"라고 합니다. 하나님이 나를 만드신 목적대로, 이 땅에서 살라고 만드신 목적대로 일하며 살다가 죽는 삶이 가장 행복한 삶입니다.

1) 성령 충만의 영성(55절): "스데반이 성령이 충만하여"

스데반은 영적인 눈이 열려서 하나님의 영광과 예수님을 봅니다. 하늘문이 열리고 하나님의 영광과 예수 그리스도께서 하나님의 보좌 우편에 서신 것을 보게 됩니다(56절). 성령 충만은 그리스도의 영이 나의 모든 행동을 이끄시는 상태입니다. 죽을 때 성령 충만하려면 살아 있을 때 성령 충만하지 않고는 불가능합니다. 평소의 삶에서 성령 충만하지 않고 어찌 죽을 때 성령 충만할 수 있겠습니까?

우리는 평소에 하나님의 임재(the presence of God)를 훈련할 수 있습니다. 예수님은 항상 우리 곁에 계시지만, 우리에게 늘 없는 것처럼 무시당하고 계십니다. 우리는 일상의 삶 속에서 하나님의 임재를 의식하면서 살아야 합니다.

*** 17세기 프랑스의 한 수도원에서 요리사로 일했던 **로렌스 수사**가 있었습니다. 그는 예수님과 깊은 관계 속에서 살았습니다. 이 겸손한 수사는 주방에서 설거지를 하고 음식을 만들면서도 하나님과 교통했고, 하나님의 임재의 빛 가운데 살았습니다. 그는 수도원 원장이 되어서도 요리사로 겸손히 섬겼습니다.

우리는 하나님의 임재를 느끼려고 훈련할 때, 점점 더 하나님의 임재를 의식하게 됩니다. 내가 자동차 안에서 운전할 때든지, 직장에서 일할 때든지, 집에서 침대에 누워 있을 때든지, 언제 어느 상황에서든지 주님과 의미 있는 삶을 나눌 수 있습니다. 하나님의 임재를 더 확실하게 연습하시길 바랍니다.

2) 기도의 영성(59-60절)

스데반은 예수님을 생각나게 하는 사람입니다. 그의 순교 장면은 예수님이 십자가상에서 기도하는 모습을 똑같이 보여 줍니다. 스데반의 죽음 앞에서 하늘이 열렸고, 그는 "주 예수여 내 영혼을 받으시옵소서", "주여 이 죄를 저들에게 돌리지 마옵소서"라고 기도하였습니다. 스데반의 영성은 예수님을 바라보는 영성입니다. 환경을 바라보고 기죽는 영성이 아닙니다. 하나님은 환경보다 크신 분입니다. 세상을 바라보고 낙망하는 것은 하나님의 뜻이 아닙니다. 그리스도인에게는 세상을 이기는 성령님이 마음에 계십니다. 그래서 죽음 앞에서도 그의 얼굴은 천사와 같이 빛이 났습니다(행 6:15).

특별히 스데반이 죽음의 순간에 드린 기도는 **예수님의 십자가상의 기도**와 똑같습니다. "주 예수여 내 영혼을 받으시옵소서"(59절), "주여, 이 죄를 그들에게 돌리지 마옵소서"(60절).

스데반이 죽음의 순간에 드린 기도는 **사도 바울을 탄생시킨 엄청난 제자도의 기도입니다.** 어거스틴의 주장처럼, 바울의 탄생은 바로 이 스데반의 기도에 대한 응답입니다. 스데반의 용서의 기도는 사랑의 원자탄입니다. 용서의 기도는 폭발력이 있었습니다. 자기 확신 속에 살고 있었던 사도 바울의 뇌리에 엄청난 충격을 주었습니다. 사도 바울이 예수님을 만난 후에, 복음 전파를 하는 곳마다 스데반을 죽일 때 자신이 그곳에 있었다는 고백을 합니다. '어떻게 죽어 가면서도 자신을 죽이는 사람들을 용서할 수 있단 말인가?'

3) 살아있는 성도의 순교적 삶은?

초대교회 당시에는 주를 위해 불에 타 죽거나, 창에 찔려 죽어야 순교자였습니다. 그러나 중세 이후에는 개념이 확대됩니다. 주를 위해 고난을 참고 끝까지 믿음을 지키는 삶도 순교라고 하였습니다. 한 번 죽는 것이 쉽습니까? 매일 죽는 것이 쉽습니까? 매일 죽는 순교의 삶이 주를 위해 한 번 죽는 것보다 더 어려울 수 있습니다.

오늘날의 그리스도인은 순교자적인 삶을 삽니다. 예수님 때문에 욕을 얻어먹어도 참고, 예수 믿는 것 때문에 돈을 조금 못 벌어도 참고, 가난한 이들을 돕기 위해 절약하고 내가 하고 싶은 것을 참고 사는 것도 오늘의 순교자의 삶입니다. 성령의 바람이 불고 성령 충만함을 받으면, 마귀가 핍박하며 부흥의 불을 끄려고 해도, 믿는 자들이 흩어지면서 더 많이 전도하게 됩니다.

결론 | 스데반의 영성을 배워야 합니다. 그는 순교의 영성, 성령 충만의 영성, 기도의 영성으로 예수 그리스도를 빛내는 참 제자였습니다.

저와 여러분의 믿음은 어디에 서 있습니까? 우리도 핍박 가운데서도 예수 그리스도를 나의 주님으로 고백할 수 있습니까? 우리는 순교적 각오로 내게 맡겨진 사명을 잘 참고 견디며 하나님의 부르심에 따르고 있습니까?

기도 | 사랑하는 주님, 우리도 성령 충만하게 하셔서 영원한 세계를 위해 살게 하시고, 우리의 삶을 통해 예수님이 드러나는 영성을 가지게 하소서. 예수님 이름으로 기도드립니다. 아멘.

13

전도자 빌립

행 8:4-8, 26-31

전도는 사탄의 손에 빼앗긴 영혼을 탈환해 오는 영적 전투입니다. 그리스도인은 잃어버린 영혼을 향해 안타까워하는 마음을 가져야 합니다. 우리는 사탄의 발톱으로부터 잃어버린 영혼을 구해 내려는 전투적인 각오로 전도에 임해야 합니다. 제가 목회했던 교회는 미국 교회를 빌려서 예배드렸습니다. 그 미국 교회에 금요일 오전에 미국 여성들이 모여서 명상시간을 가집니다. 그 명상의 노력은 천국과 아무 상관없습니다. 헛수고입니다. 현대인들은 영적으로, 정신적으로 공허하므로 영적 갈증을 느끼며 뭔가 찾으려고 노력합니다. 시대는 메말라 가는데, 바른 진리를 찾는 사람은 많지 않기에 너무 가슴이 아픕니다.

1) 복음을 전파하십시오(4-5절).

사도행전 7장을 보면, 스데반이 순교를 당하자 사탄은 교회를 없애기 위해 더욱 핍박을 가합니다. 그러나 핍박받는 성도들은 더 열심히 전도하였습니다. 8장에서 흩어진 사람들이 무엇을 했습니까? "두루 다니며 복음의 말씀을 전할새"(4절)라고 했습니다. 빌립은 사마리아 성에 복음을 전하러 갔습니다(5절). 그 성 사람들에게 예수 그리스도를 전파했습니다. 복음 전파의 결과는 큰 기쁨이었습니다. 복음을 들은 사마리아 성에 "**큰 기쁨**이 있더라"(8절)고 했습니다.

복음에는 재미(fun)가 아니라 큰 기쁨(joyfulness)이 있습니다(8:4, 8). 삶이 재미있나요? 아니면 기쁜가요? 우리가 복음을 받아들이면 환경을 뛰어넘는 기쁨이 생깁니다. 병중에 있어도, 사업에 실패했어도, 가난해도, 배고파도 기쁨이 있습니다. 예수를 믿은 결과는 기쁨입니다. 현대인들이 기쁨이 없으니 쾌락으로 그 공허함을 채우려고 합니다. 그러나 그 결과는 인생을 망칠 뿐입니다.

가짜 휘발유를 차에 넣으면 처음에는 가격도 싸고 잘 달립니다. 그러나 나중에는 차가 망가지고 멈춰섭니다. 가짜 휘발유 같은 세상 쾌락은 인생을 망가지게 합니다. 그러나 예수를 믿고 복음을 믿고 찬양하면 기쁨이 샘솟습니다. 절망 가운데 희망이 생기고, 천국의 소망을 가진 삶을 살게 됩니다. 이것이 변화입니다. 예수 이름의 능력입니다.

복음은 근심이 아닙니다. 단순한 편안함이 아니라 내적 평안입니다. 온갖 근심으로 수면제를 먹고 자야 하는 사람에게 예수 평안이 넘치면 찬양의 삶을 살게 됩니다. 찬양의 가사가 은혜가 됩니다. "수

고하고 무거운 짐 진 자들아 다 내게로 오라 내가 너희를 쉬게 하리라!" "평안을 너희에게 주노라…내가 주는 평안은 세상이 줄 수 없고 세상이 알지도 못하는 것이니라." 주님은 우리에게 평안을 주십니다.

빌립을 통해 사마리아 땅에 복음이 전해졌습니다(8:5). 일반적으로 문화를 뛰어넘어 복음을 전파하는 것을 선교라고 하고, 자기 문화권 안에서 하는 복음 전파를 전도라고 합니다.

> "…듣지도 못한 이를 어찌 믿으리요 전파하는 자가 없이 어찌 들으리요" (롬 10:14).

전하는 자가 있어야 합니다.

복음을 듣고 진리를 깨달으니 영혼의 자유를 맛보고 죄사함을 얻은 기쁨이 충만합니다. 성령의 역사로 큰 기쁨이 솟아납니다. 예수 믿고 예배드릴 때, 말씀을 들을 때, 기도할 때, 찬양할 때에 성령이 주시는 기쁨을 체험합니다. 기쁨이 넘치는 신앙생활을 하시기 축원합니다.

2) 성령의 음성에 민감하십시오(26, 29절).

빌립에게 성령의 음성이 들려왔습니다. "일어나 가사로 내려가라" (26절). 그 길은 광야입니다. 빌립은 광야의 "가사로 내려가라", "수레로 가까이 나아가라"는 성령님의 음성에 순종합니다. 그는 광야에서 달리는 마차를 만납니다. 순례자 에디오피아 사람, 이방인 유대교인을 만납니다.

에디오피아 내시는 율법의 명령을 따라 성전에 직접 예물을 드리러 나아온 순례자입니다. 에디오피아는 수단과 함께 나일강이 흐르는 이집트 바로 아래 있는 나라입니다.

복음 전파를 주도적으로 이끄시는 성령

성령은 그리스도인의 삶을 인도하십니다. 그리고 복음이 전파되도록 주도적으로 역사하십니다. 빌립에게 "가라" 지시하신 성령님은, 베드로에게도 "가라" 지시하십니다(10장). 안디옥 교회의 지도자들에게 "가라"고 지시하십니다(13장). 또 고넬료에게도 "가라"고 지시하십니다. 사도행전 16장을 보면, **바울에게도 길을 인도하십니다.** "성령이 아시아에서 말씀을 전하지 못하게 하시거늘"(16:6).

성령은 하나님의 사람들에게 하나님의 선교를 위하여 길을 안내하시고 지도해 주셨습니다. 그리고 그들은 성령의 지시에 순종했습니다. 그러므로 우리 그리스도인들은, 성령이 우리 삶의 주도권을 가지도록 해야 합니다. 순종할 때 하나님의 축복을 경험하게 됩니다.

빌립은 "광야로 가라!"는 음성을 들었습니다. 인간적인 생각으로는 너무 비효율적입니다. 광야에는 사람이 살지 않습니다. 그런데 거기에 가서 전도하라니요? 말이 되지 않습니다. 그러나 빌립은 성령의 음성에 순종했습니다. 결과는 어떻게 되었습니까? 광야에서 에디오피아 재무 장관을 만났습니다. 불가능한 일이 일어난 것입니다. 할렐루야! 그 사람은 그 나라의 모든 국고를 맡은 자입니다. 빌립은 성령의 인도하심으로 영향력 있는 사람에게 복음을 전하게 된 것입니다.

성령이 인도하는 곳으로 가십시오. 성령이 지시하는 방향으로 가야 합니다. 안 될 것 같으나 됩니다. 우리 삶의 정황 속에서 안 될 때 '아멘' 하면서 믿음으로 전진하십시오. 그리스도인은 전도뿐만 아니라 삶의 모든 영역에서 성령의 음성에 민감해야 합니다.

성령을 소멸하지 말라

"성령을 소멸하지 말며"(살전 5:19).

"내가 이르노니 너희는 성령을 따라 행하라 그리하면 육체의 욕심을 이루지 아니하리라"(갈 5:16).

성령의 감동은 마음의 음성으로 듣거나 느낄 수 있습니다. 꼭 소리나는 음성으로만 말씀하는 것이 아닙니다. 오늘날에도 성령님은 말씀하십니다. 그러나 우리가 못 듣습니다. 왜요? 영적 불감증에 걸렸기 때문입니다. 심각한 병입니다. 하나님은 여러 차례 말씀하셔도 우리가 못 듣는 것입니다.

오늘날 설교를 듣는 중에 '아! 나도 저런 삶을 살아야겠구나' 깨달음이 오면 '아멘' 하고 순종하시면 됩니다. 집에서 말씀을 읽는 중에 감동이 올 수 있습니다. 찬양하는 중에 감동이 옵니다. 조용히 하나님의 임재 가운데 감동이 오기도 합니다.

기도하다가 생각나는 사람이 있다면, 전화 한번 해주는 것은 힘들이지 않고 성령님께 순종하는 것입니다. "그 사람은 지금 너무 힘든 가운데 있어. 너의 도움이 꼭 필요해!", "OO에게 복음을 전하라", "나도 너를 위해 십자가를 졌는데, 그 사람을 용서해 주지 않겠니?" 이런 감동이 올 때, 성령이 소멸되게 하지 마시고 성령의 음성에 순종하십시오.

성령의 감동인지 꼭 확인장치가 있어야 합니다. 하나님의 말씀으로 확인되어야 합니다. 영 분별이 꼭 필요합니다. 한국에서 홍○○ 씨로 인해 사회문제가 있었습니다. 그녀는 2014년 12월 14일 한국에 전쟁이 터진다고 예언하였고, 많은 사람들이 미국과 태국으로 피신했습니다. 누구나 실수를 할 수 있습니다. 그러나 이단에 빠지는 대부분의 사람들은 그 잘못을 인정하지 않는 교만과 영적 무지를 가지고 있습니다.

*** 주연화 목사님은 중국 공산군이 몰려올 때 상해의 신학교에서 살아 계신 하나님을 만나는 체험을 했습니다. 주 목사님은 자유중국의 장개석 총통이 서거했을 때 장례식을 집행한 자유중국의 대표적인 목사님이십니다. 그는 중국 본토가 공산당에게 점령당하기 전 상해에서 신학교를 다니고 있었습니다.

그런데 중국 본토가 공산당의 발에 짓밟힐 위기에 처하자 교수와 신학생들은 학업을 전폐하고 강의실에 모여 하루종일 "하나님이여, 살아 계신 하나님을 우리가 만날 수 있도록 도와주시옵소서" 하고 간절히 부르짖어 기도했다고 합니다. 이렇게 교수와 신학생들이 한자리에 모여 일심으로 부르짖어 기도를 시작하자, 그곳에 성령의 불이 임하여 모인 대부분의 사람들이 성령 충만함을 받고 방언으로 말하며 하나님의 영광과 능력으로 충만하게 되었다고 합니다.

그리고 그때 많은 사람들이 성령 충만함을 받고 살아 계신 하나님을 만나는 체험을 했기 때문에, 공산당이 중국 본토를 점령하고 기독교인에 대해 말할 수 없는 핍박을 가해도 그 시련을 능히 이길 수 있었습니다. 중국 교회가 학문적 하나님, 철학적 하나님, 도덕적 하나님만 알았다면 핍박에서 승리할 수 없었을 것입니다.

3) 복음의 핵심은 예수 그리스도입니다(35절)

예수님을 아십니까? 예수님이 복음입니다. 구약시대에는 무엇으로 구원받았나요? 율법인가요? 믿음인가요? 구약시대에도 오실 메시아를 믿음으로 구원을 받았습니다. 아브라함, 다윗, 다니엘, 그들 모두는 오실 메시아를 믿었습니다. 예수님은 율법의 끝마침입니다. 복음의 핵심은 십자가와 부활입니다. 예수 그리스도께서 십자가에서 피 흘리심으로 죄 사함받고, 구원을 이루셨음을 우리 입으로 고백하고 마음으로 믿으면 됩니다.

복음의 핵심을 알아야 합니다. 예수 그리스도가 복음의 핵심입니다. 전도자 빌립은 복음의 진리를 바로 알고 믿었습니다.

> "빌립이 사마리아 성에 내려가 그리스도를 백성에게 전파하니"(5절).

많은 사람에게 붙었던 더러운 귀신들이 떠나가고 치유가 있고 큰 기쁨이 있었습니다.

세상에서 제일 불쌍한 사람은 누구일까요? 고아입니까? 과부입니까? 눈먼 사람입니까? 귀머거리입니까? 벙어리입니까? 누구일까요?

저는 교회 열심히 다니고 지옥 가는 사람이라고 생각합니다. 복음의 핵심을 모르고, 그것을 안 믿으니 헛수고한 것입니다.

에디오피아 내시는 먼 나라에서 예루살렘까지 오고, 두루마리 성경을 구해 읽는 열심은 있었으나 복음의 핵심을 몰랐습니다. 그러나 빌립은 복음이 무엇인지를 분명히 알고 믿었습니다.

> "빌립이 입을 열어 이 글에서 시작하여 **예수를 가르쳐 복음을 전하니**"(35절).

예수님이 복음입니다. 착한 사람이 천국 가는 것이 아닙니다. 의인이 천국 갑니다. 착한 일을 해서 천국 가는 것이 아닙니다. 하나님의 선한 기준으로 보면, 선한 행위로는 결코 의인이 될 수 없습니다(롬 3:10). 나의 죄 문제를 해결하신 예수를 믿음으로 의인 되어 천국 가는 것입니다. 예수를 믿음으로 하나님 자녀가 된 것입니다. 예수를 믿음으로 구원받은 것입니다. 이것을 믿으시기 바랍니다!

에디오피아 장관은 신앙적 열심은 있었으나 핵심 의미를 몰랐습니다! 복음의 핵심을 알아야 합니다. 그가 읽고 있었던 성경은 이사야 53장이었습니다. 왜 구약을 믿는 오늘날 유대인이 여호와 하나님을 믿는데 구원을 못 받을까요? 분명히 아셔야 합니다! 복음이신 예수 그리스도를 믿지 않기 때문입니다. **구원 얻는 길은 오직 믿음, 오직 예수뿐입니다(요 14:6).**

세상 사람들은 하루살이(날파리) 인생을 살고 있습니다. 부지런히 바쁘게 사는 사람들도 마찬가지입니다. 하루살이는 1시간에서 7일 동안 아무것도 먹지 않고 날기만 하다가 지쳐서 죽는 날파리입니다.

누가 누구를 따르는지 모르고 서로 남들 하는 대로 따라서 살다가 죽습니다. 우리는 날파리 인생이 되어서는 안 되겠습니다. '무엇이 진리인지 모르니 적당하게 살면 되겠지?' No. 거짓입니다. 사탄에게 속는 것입니다. 하나님이 우리를 이 땅에 살게 하신 목적을 바로 알고, 목적대로 비전을 가지고 살아야 할 것입니다.

4) 전도는 필수입니다.

기회를 놓치지 마십시오. 용기를 내어 전도해야 합니다. 물론 전도의 방법은 다양합니다. 관계전도가 가장 효과적입니다. 삶의 영향력을 보여 주고 전도하는 것입니다. 죽기 살기로 전도해야 합니다. 당신이 깨어 있는 그리스도인이라면 전도 안 하는 것이 기적입니다.

그리스도인에게 세 가지 기적이 있다고 합니다. 예수 믿는다고 하면서 성경 안 보는 것이 첫째 기적이고, 예수님을 사랑한다고 하면서 전도 안 하는 것이 둘째 기적이며, 성경 안 보고 전도 안 하면서도 예수 잘 믿고 있다고 생각하는 것이 가장 큰 기적이랍니다.

*** 구세군 창시자: 윌리엄 부스

윌리엄 부스는 전당포 주인이었습니다. 그 사람이 술취한 손님에게 전도를 했습니다. 술취한 사람이 말했습니다. "여보슈, 내가 정말 지옥과 천당이 있고 구원이 있다는 것을 확신한다면, 당신처럼 이렇게 소신 없이 전도하지는 않겠소! 나는 더 열정적으로 전도할 거요."

이때 충격을 받고 더욱 열정적으로 전도를 하였습니다. 윌리엄 부스는 후에 구세군을 창설하였습니다.

전도의 기회를 놓치지 마십시오

빌립과 초대교회 성도들은 순종했습니다. 당시 예루살렘에서 사마리아로, 에디오피아 내시에게로 문화의 벽을 뛰어넘었습니다. 미국 캘리포니아에는 72개국 이민자가 들어와 살고 있다고 합니다. 481개의 민족, 327개의 언어 그룹이 살고 있습니다. 북캘리포니아 베이 지역에는 700만 명이 삽니다. 그중 95%가 교회를 다니지 않습니다. 660만 명은 교회에 다니지 않는다고 합니다.

OMF선교회 소속 목사님을 통해 들었습니다. 아프카니스탄 교회는 아브라함 목사님을 돕고 있습니다. 이란 교회는 본국을 향해 위성설교를 통해 전도합니다. 티벳 교회의 솔로몬 목사는 티벳 교회를 돕고 있다고 합니다.

하나님은 우리에게 꼭 전도할 기회를 주십니다. 그 기회를 회피하지 마십시오. 우리 주변에는 하나님에 대해 궁금해하고, 알고 싶어 하는 사람들이 많이 있습니다. 이 사람인가, 저 사람인가? 하나님이 선택하신 사람인지를 자꾸 확인하시면 됩니다. 잘 살피시면 됩니다.

초대교회 당시에 두루마리 성경은 구하기가 어려웠습니다. 내시는 그 성경을 읽으면서 알기를 원했습니다. 빌립은 그에게 "무슨 뜻인지 알겠습니까?" 한마디 한 것입니다. 기회는 이때다! 복음의 핵심을 가르쳐 주었습니다. 기회가 올 때 놓치지 않았습니다. 예수님을 믿습니까? 예수님을 믿어야 지옥을 면하고 영원한 복을 받습니다.

용기가 있어야 전도할 수 있습니다

성령 받지 못한 제자들은 겁나서 전도하지 못했습니다. 성령을 받은 후에는 용기가 생겼습니다. 목숨을 걸고 복음을 전했습니다. 확신 있게 용기를 가지고 전도하십시오. 나에게 불이익이 온다 하여도 그 영혼을 위하여 말해야 합니다. 그리고 하나님의 영광을 위하여 말해야 합니다! 우리가 삶의 빛도 못 비추고 거룩한 모습을 보여주지 못하면서, 영향력도 없는데다가 내 말이 우습게 여겨질 정도로 믿음의 확신도 없으면 전도는 소용없습니다. 천국 가서 무엇으로 상을 받을 수 있겠습니까?

하나님의 자녀는 독수리의 야성을 회복해야 합니다. 주님은 우리에게 하루살이처럼 바쁘게 살다가 죽으라고 하시지 않습니다. 성령은 우리에게 하나님을 기쁘게 하는 삶을 살라고 말씀하십니다. 영적 불감증에서 깨어나 주님의 음성에 반응하시기 바랍니다.

결론 | 빌립처럼 성령의 음성에 민감하십시오. 생명을 구원하여 축복의 통로로 쓰임받으십시오. 기회가 왔을 때 피하지 말고 예수님을 전하십시오. 축복의 통로로 쓰임받으시길 바랍니다.

기도 | 사랑의 주님, 저도 복음의 핵심을 붙들고 기쁨을 누리게 하소서. 빌립처럼 담대히 주님을 전하도록 도와주세요. 용기를 주세요. 예수님 이름으로 기도합니다. 아멘.

제2장

선교를 주도하는 성령, 그리고 기도와 선교의 관계

선교를 주도하는 성령

사도행전에서는 성령이 선교를 주도적으로 인도하심을 명확히 나타내줍니다. 예를 들어, 성령은 빌립에게 광야로 "가라"고 지시했고(8:29), 베드로에게 고넬료의 집으로 "가라"고 지시하셨습니다(10장, 11:12). 예루살렘 교회의 총회에서 성령의 추진으로 이방인들에게 할례 없이 세례를 주고, 율법적 요구를 행하지 않기로 결정하였습니다(행 15:8, 28).[11] 성령받은 제자들이 예루살렘과 온 유대와 사마리아로 흩어져 복음을 전하게 하심도 성령의 인도하심이었습니다. 성령은 '성령의 위로'를 통하여 유대, 갈릴리, 사마리아 교회를 든든히 세우셨습니다(9:31).

이뿐만 아니라 성령은 세계 선교를 위하여 안디옥 교회 지도자들에게 선교의 비전을 주시고, 바울과 바나바에게 "가라"고 지시하셨습니다(13:2, 4). 성령은 바울이 아시아로 선교 가는 것을 막으셨습니다.

"성령이 아시아에서 말씀을 전하지 못하게 하시거늘"(16:6).

"예수의 영이 허락지 아니하시는지라"(16:7).

그리고 바울이 유럽으로 향하도록 지시하셨습니다(16:9). 이처럼 성령님은 선교의 주체이시며, 선교사들의 방향성을 결정하시는 분입니다. 그러므로 우리는 성령의 지시에 따라 선교를 수행해야 합니다.

11) Bosch, *Witness to the World* (Atlanta: John Knox, 1980), 114.

사도행전에 나타나는 기도와 이방 선교

사도행전에 나타나는 기도는 성령의 능력체험뿐만 아니라 성령의 인도하심을 통한 이방 선교와 밀접히 연결됩니다.[12] 베드로는 기도하는 중에 환상을 보고(행 10:9, 19, 11:5), 고넬료도 기도하는 중에 환상 가운데 지시를 받고(행 10:3, 30), 안디옥 교회도 기도하는 가운데 선교의 비전을 갖는 축복을 누립니다(행 13:1-3). 이들처럼 사도 바울도 기도하는 중에 이방 백성을 향하라는 비전을 받습니다(행 22:17-21). 그러므로 교회를 향한 하나님의 뜻이 기도를 통하여 잘 드러남을 알 수 있습니다.

뜨겁게 기도했던 초대교회는 하나님 왕국 확장을 향한 성령의 인도와 능력을 경험했습니다. 예수님이 구원 사역을 완성하기 위하여 기도하셨던 것처럼, 초대교회는 복음 증거를 위하여 기도로 시작하고, 기도 가운데 진행하고, 기도로 종결했습니다(눅 3:21, 5:16, 6:12, 9:28, 22:32, 22:39, 23:34, 46; 행 4:29, 16:13, 16, 25, 20:36-38). 이런 점에서 그리스도인들은 자신의 삶과 선교사역 가운데 기도하는 제자도(prayer-discipleship)를 훈련해야 할 것입니다.[13]

---

12) Jae Hyun Han, "The Role of Prayer in the Work of Missionary Church", 2002, pp. 123-130.

13) *Ibid.*, pp. 133-135.

01

부활하신 예수님을 만난 사울

●

행 9:1-9

북가주 지역에서 목회하시는 한 목사님이 이런 말씀을 했습니다. 그 교회에 많은 분들이 찾아오시는데, 신기한 것은 젊어서 세상적으로 성공하고 미국에서 돈을 벌 만큼 번 사람들이 찾아온다고 합니다. 그리고 그들은 이런 말을 합니다. "저는 돈을 벌 만큼 벌어서 돈 버는 것에는 이제 별로 관심이 없습니다. 직장에서도 상당히 높은 직급도 가져 보았습니다. 그런데 이렇게 살다 간다면 세상이 허무합니다. 그래서 교회에 나왔습니다. **나는 하나님을 만나고 싶습니다. 하나님을 만나게 도와주십시오."**

그렇습니다. 세상의 명예, 돈, 권력을 다 가져도 인생은 잠깐입니다. 하루살이 인생처럼 너무 허무합니다. 하나님을 만나서 인생의 분명한 목적을 알고 살아간다면, 그것이야말로 진정 의미 있는 인생이 아니겠습니까?

본문에 사울이 등장합니다(사울은 히브리식 이름이고, 바울은 헬라식 이름입니다). 사도 바울이 어떻게 예수님을 만났는지를 설명합니다. 그리고 부활의 주님과의 만남을 통해 인생의 방향이 어떻게 변화되었는지를 소개하고 있습니다.

사울은 당시 로마 법령에 속했던 길리기아 다소에서 유대인 부모 밑에서 자랐습니다. 그는 유대인, 로마인, 다소 시민으로 삼중 시민권을 소유했습니다. 어릴 때 예루살렘으로 온 사울은 유대의 최고 선생이었던 '가말리엘'의 제자가 됩니다. 그리고 이제 유대의 젊은 랍비가 되어서 예수를 믿는 사람들을 죽이고 잡으러 다메섹으로 갑니다.

1) 부활의 주님을 만나다.

사울은 다메섹으로 가는 길에 부활하신 주님을 만납니다(9:5). 그가 만난 분은 누구인가요? 갑자기 정오의 햇빛보다 더 밝은 빛이 자신을 비췄습니다. 그는 놀라서 말에서 떨어졌습니다. 하늘에서 음성이 들립니다.

"사울아, 사울아. 네가 어찌하여 나를 핍박하는냐?"

"주여, 누구시오니까?"(Who are you, Lord?)

"나는 네가 핍박하는 예수라"(I am Jesus whom you are persecuting).

십자가에서 죽으시고 부활하시고 승천하신 예수님을 만난 것입니다. 역사적 사건입니다. 핍박자 사도 바울이 예수님의 제자, 사도로 부름받은 사건입니다.

예수님을 만난 사울은 이제 180도로 인생이 변화됩니다. 교회 역사를 변화시키고, 기독교를 통해서 세계 역사를 변화시키는 인물이 됩니다. 이 순간 사울의 간증에 의하면(행 22:9), (바울) 주위의 사람들은 빛을 보고 소리를 들었으나 이해하지 못했습니다. 바울에게는 그 소리가 voice(음성)로 들렸고, 사람들에게는 sound(소리, 잡음)로 들렸습니다(행 9:4, 7, NIV).

사울이 왜 이토록 강한 충격을 받았을까요? 당시 유대인들이 가지고 있던 '메시아관'은 구원자가 십자가에 못 박혀 죽을 수 없었습니다. 유대 율법에 의하면 하나님께 저주받는 자가 십자가에 못 박히는 것으로 되어 있었습니다(신 21:23).

그런데 이런 그의 생각을 무참히 깨버리고 정신이 번쩍 들게 하는 사건이 바로 부활하신 예수님을 직접 체험적으로 만난 것입니다. 저와 여러분도 예수님을 체험적으로 만나는 사건이 있기를 바랍니다.

*** 코미디언/개그맨(밥풀떼기) 김정식 씨는 예수님을 만나고 신앙생활하는 중에 어머님이 치매에 걸려서 위독한 상태가 되었습니다. 응급실에서 '오늘 밤을 넘기지 못한다'는 의사의 진단을 받게 됩니다. 그때 기도합니다. 응급실 앞에서 무릎을 꿇고 기도합니다. "어머니를 이 밤에 살려주시면 무엇이든 순종하겠습니다." 그 후에 그는 하나님께 약속을 지키기 위해 신학교를 가고, 후에 목사님이 되었습니다.

2) 바울은 지금 어떤 상황 중에 예수님을 만났나요?

사도행전 9장 1-2절에 의하면, 바울은 예수를 "하나님의 메시아와 나의 주님"으로 고백하는 사람들을 **핍박하던 중에 예수님을 만납니다.** 중요한 점은, 부활하신 예수님이 자신을 신실하게 따르는 성도들과 **예수님 자신을 동일시하셨습니다.** 그래서 주님은 성도를 핍박하는 사울에게 “왜 나를 핍박하느냐?”고 하셨습니다.

옆에 있던 사람들이 눈이 보이지 않게 된 바울의 손을 잡고 이끌어서 다메섹으로 들어갑니다. 사흘 동안 먹지도 마시지도 않고 기도합니다. 눈은 보이지 않고 괴롭지만 지금까지 자신의 행동이 얼마나 어리석은 것인지를 깨닫기까지 혼란스러웠을 것입니다.

3) 영의 눈을 뜨다.

눈이 멀어서 앞을 못 보는 사울(바울)이 이제 하나님을 향한 영의 눈을 뜨게 됩니다. 사울이 육신의 눈을 멀쩡히 뜨고 있을 때는 심령의 눈이 어두워 하나님을 대적하면서도 그 일을 하나님을 위한 일이라 생각했습니다. 부활하신 예수님과 영광된 만남을 통하여 눈이 멀었을 때에, 하나님을 향한 영적인 눈이 떠진 것입니다.

하나님은 중보 기도자였던 ‘아나니아’를 사울에게 보내십니다. 그가 기도한 후에 바울이 눈을 뜨게 됩니다. 바울은 예수 이름으로 세례를 받습니다. 아나니아는 바울이 받은 소명에 확신을 심어 줍니다.

> “이 사람은 내 이름을 이방인과 임금들과 이스라엘 자손들에게 전하기 위하여 **택한 나의 그릇이라**”(15절).

아나니아는 바울에게 예수님의 말씀을 전해줍니다.

사울이 음식을 먹고 힘을 차리자 그는 곧장 복음을 전파했습니다.

"즉시로 각 회당에서 예수가 하나님의 아들이심을 전파하니"(20절).

유대 회당에 가서 즉시 전도했습니다(20-22절). 전도하는 사울을 유대인들이 죽이려 합니다. 그는 밤에 광주리를 타고 성벽으로 도망했습니다. 사울이 다메섹(다마스커스)에 머문 기간을 성경은 "여러 날"(after many days)이라고 기록합니다. 갈라디아서 1장 17절에 바울이 아라비아를 방문하였다고 합니다. 이 기간이 3년이라고 합니다(갈 1:18).[14)]

4) 3년 후에 사울이 예루살렘으로 돌아오다.

사울이 예루살렘으로 돌아왔을 때, 사도들이 사울의 회심을 의심했습니다(26절). 그리스도인을 잡기 위한 스파이가 아닌가 하고 바라보았습니다. 바나바는 사울의 회심을 보증하고 사도들에게 사울을 추천합니다. 사울은 스데반처럼 헬라파 유대인들에게 복음을 전했습니다. 결국 예루살렘에서 분위기가 험악해지자(29절), 교회는 사울을 자신의 고향 다소로 피난 보냅니다(30절). 결국 예루살렘 교회에서 사울의 1차 사역은 실패로 끝이 납니다.

여기서 몇 가지 교훈을 발견합니다.

---

14) 신학자들 중에는 3년간 아라비아에서 기도의 시간을 가졌다고 보는 견해가 있습니다. 그리고 최근의 다른 입장은 '사우디아라비아'가 아니고 옛 '나바티안 공화국'인데, 3년간 조용히 기도하며 지낸 것이 아니라, 예수님을 만난 후에 즉시 이방인들에게 가서 복음을 전하였다고 보는 견해가 힘을 얻고 있습니다.

첫째, 하나님이 사용할 그릇은 그 크기에 맞게 연단하십니다.

사울이 사역에 실패하고 낙향하는 쓰라린 체험은 필수코스였습니다. 세계선교로 명성을 높이기 전에 예루살렘 사역에서는 실패를 맛보았습니다.

둘째, 바울이 놀란 이유는 무엇입니까?

바울은 단지 예수님의 부활 때문에 놀란 것이 아닙니다. 바리새인들은 부활을 믿었습니다. 그가 놀란 것은, 성경의 메시아가 십자가에서 죽었다는 사실이 놀라웠고, 그 부활하신 예수님이 자신을 직접 찾아오셨다는 사실이 놀라웠습니다. 바울은 그분이 여호와 하나님이 보내신 메시아임을 깨닫게 됩니다.

바리새인들의 믿음 중에는 하나님은 인간사에 직접 개입하시지 않는다는 믿음이 있었습니다. 바리새인들의 생각은 완전한 율법이 있으므로 하나님이 직접 개입하는 것이 불필요하다고 생각했습니다. 바울은 직접 찾아오셔서 통치하시는 주님을 깨달았습니다.

셋째, 바울의 변화입니다.

"바울은 나는 행복한 사람이다"라고 합니다. 그는 성령의 인도함을 받는 사람이 됩니다. 이후로 그의 비전은 부활의 주님을 온 세상에 전하는 것입니다. 사도 바울은 "이방인과 임금들과 이스라엘 자손들에게 복음을 전했고" 세상 끝까지 선교하는 삶을 살게 됩니다.

넷째, 누가 더 영향력 있는 사람인가?

핍박자 네로 황제인가, 아니면 핍박을 받은 사도 바울인가? 네로 황제는 당시에 세계 최고의 권력자요, 바울의 생명을 죽일 수 있는 황제이지만 미치광이였습니다. 전도자 바울은 가진 것이 아무것도 없었지만, 감옥 속에서도 흔들리지 않는 평안과 기쁨과 복음이 있었습니다. 전도자 바울을 통해서 생명의 축복이 흘렀습니다(flowing). 그를 통하여 평안이 흘렀습니다. 그를 통하여 기쁨이 흘렀습니다. 복음이 흘렀습니다. 찬양이 흘렀습니다. 말씀이 흘렀습니다.

결론 | 하나님을 갈망하십시오. 하나님을 만나십시오. 말씀으로 찾아오시는 부활의 주님을 체험하십시오. 저와 여러분이 부활하신 예수님과 개별적이고 인격적인 끊임없는 만남을 통해, 축복을 흐르게 하는 '예수님의 사람들'이 되시길 축원합니다.

기도 | 사랑의 주님, 사도 바울을 만나주시고 변화시켜 주신 것처럼 나를 만나주시고 변화시키셔서 축복의 사람이 되게 하소서. 예수 그리스도의 이름으로 기도합니다. 아멘.

02

성령이 주시는 새로운 패러다임

●

행 11:12-18, 10-11장

성령은 영혼을 구원하는 사역을 하십니다. 성령의 구원사역을 통해서 먼저, 내가 죄인임을 깨닫고 회개하게 됩니다. 그리고 성령은 내가 예수 믿게 도와주십니다. 성령의 도우심이 아니고는 우리가 예수를 믿을 수가 없습니다. 또 성령은 하나님의 자녀 된 우리가 거룩한 삶을 살 수 있도록 도우십니다. 그래서 하나님의 나라는 '의와 평강과 희락'이라고 하는데, 성령 안에서 하나님의 다스림을 누리는 것들입니다. 그리스도인이 예수를 믿은 후에 성령이 천국 백성의 삶을 살도록 다스려 주십니다(롬 8:2).

사도행전 10장과 11장에서 성령은 그리스도인이 살아갈 때 새로운 패러다임으로 살아가도록 이끌어 주십니다.

1) 편견을 깨뜨리는 성령님

베드로는 배고픈 상황 속에서 환상을 봅니다. 그리고 성령님의 음성을 듣습니다. 그는 고넬료의 집으로 가서 새로운 경험을 합니다. 이방인도 유대인처럼 생명 얻는 회개를 하게 해주신다는 것을 깨닫습니다(행 10:34-35, 11:8).

선교의 주도자 성령님

베드로는 기도하기 위해 지붕에 올라가 기도하는 중에 환상을 세 번씩이나 봅니다(행 10:9-16). 그것은 분명한 하나님의 메시지였습니다. 고넬료가 욥바에서 보낸 사람들이 베드로에게 도착하기 직전이었습니다. 그리고 그때는 점심 시간으로 베드로가 배가 고파서 음식을 먹으려 하니 사람들이 음식을 준비하는 상황이었습니다(행 10:10).

그 환상의 내용은 이렇습니다. 하늘로부터 보자기가 내려옵니다. 불결한 짐승들이 있었고 "잡아먹으라!"(10:13)는 음성이 들립니다. 성령님은 보자기 안에 있는 끔찍하고, 만질 수도, 먹을 수도 없는 새들과 기는 것들을 잡아먹으라고 하신 것입니다. 레위기 11장을 보면, 못 먹는 것들, 불결한 것들이 나옵니다.[15] 그런데 하나님은 잡아먹으라고 하십니다. 그러자 그가 말합니다. "못 먹습니다. 절대로 못 먹습

15) 육지의 짐승은 약대, 사반, 토끼, 돼지를 먹으면 안 됩니다. 바다 물고기는 지느러미, 비늘이 없는 것은 먹지를 못합니다. 뱀장어, 오징어, 그리고 새 종류는 독수리, 솔개, 매 종류, 까마귀, 부엉이, 갈매기, 박쥐 종류는 먹지 못합니다. 기어다니는 곤충은 먹지 못합니다.

니다. 이제까지 저는 불결한 음식을 한 번도 먹지 않았습니다." "하나님께서 깨끗게 하신 것을 네가 더럽다고 하지 말라." 성령께서 말씀하십니다.

하나님은 특별한 사건을 통해 베드로에게 메시지를 주고 있습니다. 베드로는 예수님을 따라다니며 3년간 가르침을 받았고 성령 체험을 한 사람이지만, 아직도 복음에 대해 분명히 깨닫지 못하는 것이 있었습니다. 자신이 경험한 문화 안에 갇혀 있는 것입니다. 하나님은 복음의 초문화성과 선교적 마인드를 베드로에게 심어주십니다.

베드로는 율법도 지키고, 복음도 믿어야 구원받는다는 유대주의적 고정 관념을 붙들고 있었습니다.

'이방인과 교제하며 가까이하는 것은 위법이니 함께 식사하지 않는다 절대로, 절대로'(행 10:28).

'이방인들은 선민이 아니니 성령 받지 못한다. 절대로, 절대로.'

자신이 이미 성령을 체험하고 예루살렘 교회의 최고 지도자였지만, 하나님의 마음을 그토록 몰랐던 것입니다. 그래서 성령님이 오늘 그의 고정 관념을 깨뜨리고 계십니다.

오늘 우리에게도 잘못된 신앙의 고정 관념이 있다면 하나님께서 깨닫게 해주실 줄 믿습니다. 성령께서 우리 마음을 겸손하게 만드시고 변화시켜 주시길 기대합니다.

*** 유대인은 율법을 잘 지킵니다. 율법에 목숨을 겁니다. 유대 문서에 보면, 이방의 침입자들이 돼지고기를 갖다 놓고 먹게 했습니다. 그것을 먹지 않으면 네 자식을 끓는 가마 속에 넣어 죽이겠다고 했습니다. 유대의 한 여인은 아들이 셋 있었는데,

첫째 아들이 죽고, 둘째, 셋째가 다 죽어도 끝까지 율법을 지키는 거룩한 백성이 되겠다고 했습니다. 그 정도로 유대인들은 조상의 유전(율법을 해석해 놓은 것)을 지키는 일에 특심이었습니다.

그런데 이스라엘 백성과 제사장들은 목숨 걸고 믿던 율법과 전통 때문에 예수님을 십자가에 못 박고 하나님의 마음을 아프게 했습니다. 바울도 하나님을 기쁘게 하기 위해 예수 믿는 사람들을 잡아 죽였지만, 예수님은 "사울아! 사울아! 네가 왜 나를 핍박하느냐!"고 말씀하셨습니다. 오늘날에도 우리는 교회에서 열심을 품고 일하지만, 하나님의 뜻과 반대로 편견을 가지고 신앙생활을 하고 있지 않는지를 조심스럽게 살펴보아야 합니다.

신앙의 전통은 하나님의 말씀에 의하여 이 시대에도 재해석되어야 합니다. 전통적인 관점으로 보면, 이방인은 유대로 와서 유대인의 방식대로 믿을 때만 구원받습니다. 이것이 유대주의입니다. 그러나 하나님은 세계적입니다. 하나님은 교회가 세계주의가 되길 원하셨습니다. "너희는 모든 족속을 제자로 삼으라"고 하셨습니다. 밖으로 뻗어 나아가길 원하셨습니다.

베드로는 심각한 고민에 빠졌습니다. 왜요? 수천 년 동안 지켜왔던 전통의 문제이기 때문입니다. 그런데 하나님은 "먹으라. 먹으라. 먹으라"고 세 번이나 명령하셨습니다. 이때 베드로의 태도는 어떠했나요? 성령의 음성에 순종했습니다.

하나님은 아브라함에게 "아비 친척집을 떠나라!" 하셨고, 아브라함은 갈 바를 모르면서도 순종했습니다. 혹시 우리 믿음 생활이 온

실 속의 안전을 추구하고 있지는 않나요? 우리는 좋은 환경에서만 예수를 믿으려고 하지만, 사실 우리의 믿음은 삶의 환경이 뿌리째 흔들릴 때 자라는 것을 경험합니다.

지금 힘들고, 좌절하고, 낙망한 상태에 있습니까? 하나님만 바라보십시오. 미국의 이민자라면, 이전 시절을 생각해 보십시오. 예전에 영주권, 시민권 없던 시절을 생각해 보십시오. '영주권만 있으면 모든 것이 해결될 텐데…' 그랬던 때가 있었습니다. 그래서 미국 영주권이 생겨서 모든 문제가 해결되었나요? 여전히 우리에게는 만족이 없습니다.

오히려 직장을 잃어버리고, 신분 문제가 해결되지 않고, 살 길이 막막할 때, 병들어 사형선고를 받았을 때, 그때 하나님을 간절히 찾는 것입니다. 지금 여러분은 은행의 돈을 의지하고, 안정된 직장을 의지하고, 좋은 배경을 둔 사람들을 의지하고 있지 않습니까? 하나님을 바라보십시오. 지금의 자리는 하나님이 베푸신 은혜임을 잊지 마시기 바랍니다. 지금 감사하시기 바랍니다.

2) 선교의 성령님과 베드로의 사고 전환

베드로에게 성령의 음성이 들립니다(행 10:19-20). "함께 가라!" "내가 그들을 보내었노라." 성령의 뜨거운 감동을 거절하지 마십시오. 베드로는 고넬료가 보낸 사람들을 따라서 고넬료의 집으로 갔고, 그곳에서 예배하는 도중에 성령이 그들에게 임하였습니다. 베드로는 매우 놀라서 말합니다.

"각 나라 중 하나님을 경외하며 의를 행하는 사람은 다 받으시는 줄 깨달았도다"(10:35).
"내가 누구이기에 하나님을 능히 막겠느냐"(11:17).

그는 이방인들에게 세례를 베풉니다. **지도자 베드로의 사고 전환은 예루살렘 교회 전체의 생각의 전환**을 가져왔습니다. 하나님이 지도자의 생각을 바꾸실 때 그 교회는 놀랍게 변화됩니다. 성령님이 주시는 새로운 깨달음을 얻으시기 바랍니다.

베드로는 이방인을 구원하고자 하시는 하나님의 마음을 이해하지 못하고, 과거의 전통만을 지키려고 노력하였습니다. 하나님은 이스라엘 백성을 통하여 열방을 구원하고 싶으셨는데, 이스라엘은 자기들만이 선민이라고 하며 우리끼리 잘 먹고 잘살자는 이기주의적 사고에 붙들려 있었던 것입니다. 하나님은 예루살렘 교회의 성령 충만을 시작으로 온 유대와 땅끝까지 구원하실 마음을 베드로에게 깨닫도록 환상을 보여 주셨습니다.

*** 한 사람이 낚시를 하는데 큰 고기를 다 놓아주고 있었습니다. "왜 그러시죠?" "나는 작은 냄비밖에 없습니다. 큰 고기는 담을 수가 없습니다." 정말 그럴까요? 그 고기를 잘라서 담으면 되지 않습니까? 우리의 사고를 전환하면 가능합니다. "안 돼, 안 돼" 하면 안 됩니다. "된다, 된다, 된다"라고 한번 해보십시오. 됩니다! 하나님이 함께하시는데 안 되는 것이 어디 있습니까? 누구나 자기가 가지고 있는 고정 관념이 있습니다. 그것을 잘 발견하고 고치면 큰 일을 할 수 있습니다. 자신, 가정, 사업,

교회 다 마찬가지입니다.

베드로가 고넬료 집에 왔을 때, 온 가족이 엎드려 절하였습니다(10:25). 베드로를 천사보다 더 높은 분으로 생각했습니다. 고넬료는 베드로를 하나님의 종으로 존중했습니다. 그러자 그는 "나도 사람이라"(10:26)고 했습니다.

하나님의 말씀을 전하는 사람은 아무리 나이가 어려도 하나님의 말씀의 권위 때문에 그를 존중해야 합니다. 고넬료는 주둔군 로마 장교입니다. 베드로는 어부 출신 무식쟁이입니다.

오늘날 교회는 고넬료의 은혜를 사모하는 태도를 배울 수 있습니다. 교회의 젊은 목회자가 사역을 하더라도 인간적으로는 장로님, 권사님의 손자뻘이라도, 하나님이 말씀의 종으로 쓰신다는 것을 알면 그를 존중함으로 교회에서 말씀의 권위가 세워질 수 있게 해야 합니다.

교회 성도와 목회자의 관계는 비즈니스의 고용주와 고용인의 관계가 아닙니다. 하나님은 말씀 전할 종들을 보내고 쓰십니다. 교회의 주인은 주님입니다. 목사, 장로, 안수집사가 주인 행세를 할 수 없습니다. 목사님 사례비를 주면서 자기 돈처럼 아까워하는 사람도 있습니다. 심지어 자기가 먹여 살린다고 생각하는 분도 있습니다. 천만의 말씀입니다. 하나님의 종은 하나님이 먹이십니다. 목회자는 부름받은 대로 보내신 곳에서 순종해야 합니다. 성도는 하나님을 사랑하듯이 목회자를 존중하고 사랑해야 합니다.

우리는 성령 안에서 예수 믿고 구원받은 그리스도인입니다. 성령 안에서 더욱 변화되고 싶지 않으십니까?

적용 | 1) 지금 여기서(now and here) 역사하시는 하나님을 신뢰하는 믿음을 가져야 합니다. 과거에 역사하신 하나님, 성경에 신앙인들과 함께하신 하나님은 나의 하나님이요, 현재의 하나님입니다. 베드로를 인도하신 성령님은 지금도 살아서 우리 가운데 역사하시는 하나님입니다. 그 하나님이 지금 나와 함께하심을 믿으십시오!

2) 성령이 들려주시는 음성에 순종해야 합니다. 늘 기도 가운데 타성에 젖은 신앙생활을 깨닫게 하시면, 과감히 그 행동을 깨뜨리고 바꾸어야 합니다. 베드로는 자신도 모르게 선입관을 가지고 유대인과 이방인을 차별하고 있었습니다. 우리도 그리스도인으로서 교회 안에서나 전도와 구제 시에 잘못된 차별을 하고 있다면 차별을 버려야 합니다. 그리스도의 마음으로 민족과 남녀노소, 가난한 자와 부자, 권력자와 힘없는 자를 나누지 않고 주님의 사랑을 전해야 합니다.

3) 교회의 구경꾼이 아니라 충성된 청지기처럼 주인의식을 가져야 합니다. 구경꾼이 많은 교회는 DNA가 건강하지 않습니다. 예배를 주체적으로 드립시다. 예배를 구경하지 맙시다. 목사만이 영혼을 돌보는 것은 비성경적입니다. 먼저 믿은 성도들이 예수 가족을 돌보고, 빛의 삶이 되도록 격려해 주어야 합니다. 격려자 바나바처럼 되십시오. 서로 돌아보는 삶을 다시 한번 결심합시다. 그리고 주님을 기쁘시게 하기 위하여 최선을 다해 봅시다.

결론 | 1) 성령은 지도자 베드로의 생각을 바꾸셨습니다. 성령은 우리가 예수 믿고 구원받고 변화된 삶을 살도록 인도하십니다. 그리스도인의 구원받은 이후의 삶의 변화는 놀랍습니다.

2) 성령은 우리의 편견을 깨뜨립니다. 베드로는 성령에 의해서 새로

운 것을 깨닫습니다. 성령은 이방인에게도 유대인처럼 "생명 얻는 회개"(11:18)를 주셨습니다. 성령은 베드로의 이방인에 대한 패러다임(사고방식)을 변화시켰습니다. 우리도 성령 안에서 우리의 잘못된 편견을 깨닫고 새롭게 변화될 수 있기를 바랍니다.

기도 | 하나님, 우리에게도 성령님의 음성을 들려주옵소서. 우리의 고정된 관념을 깨뜨려 주옵시고, 전통을 말씀으로 새롭게 해석하고 열매 맺는 교회가 되게 하옵소서. 우리의 신앙 생활이 주님의 뜻대로 변화되기 위해 몸부림치게 하옵소서. 예수 그리스도의 이름으로 기도합니다. 아멘.

03

안디옥 교회의 바나바

●

행 11:22-26

어느 공동체나 세 부류의 사람이 있다고 합니다. '꼭 필요한 사람, 있어도 되고 없어도 되는 사람, 있으면 해를 끼치는 사람'이라고 합니다. 저와 여러분은 하나님 나라에 꼭 필요한 사람이 되길 바랍니다. 성경은 교회에 화평하게 하는 사람의 한 모델을 보여 줍니다. 그의 이름은 바나바입니다.

바나바는 사도 바울이 은혜받은 후에 교회에 적응하도록 도와준 사람입니다(9:27). 교회에도 새신자들이 교회에 잘 정착하도록 돕는 사람이 꼭 필요합니다. 바나바는 평안과 위로의 사람입니다. 그가 있는 곳에는 다툼과 미움이 사라지고 용서와 평안이 있습니다. 그는 교회 부흥의 도구로 쓰임받은 사람입니다. 안디옥 교회에 바울을 불러와서 1년간 함께 사역했습니다.

그 결과 교회가 놀랍게 부흥하였습니다. 훈련받은 제자들은 안디옥 교회에서 비로소 그리스도인이라 불리게 되었습니다(11:26). 우리도 바나바와 같은 신앙 인격을 갖추어 교회 부흥의 주역으로 쓰임 받길 원합니다(11:24). 사도행전 11장 23절은 세 개의 동사(3 verbs)를 사용하여 바나바를 설명하고 있습니다.

1) 하나님의 은혜를 보는 사람(23절)

초대 안디옥 교회는 개척교회입니다. 미성숙한 것, 부족한 것들이 처음 생긴 안디옥 교회 안에 있었을 것입니다. 그러나 성령 충만, 믿음 충만했던 바나바는(24절) 부정적인 모습을 본 것이 아니라 하나님의 은혜를 보았습니다(23절).

바나바는 하나님이 어떻게 여기까지 도우셨는지를 보았습니다. 바나바는 하나님이 어떻게 영적 전쟁에서 승리하게 하셨는지, 하나님이 어떻게 일꾼을 보내셨는지 보았습니다. 하나님이 어떻게 기도에 응답하셨는지를 보았습니다. 하나님이 지금도 함께하심을 보여주는 사인들을 보았습니다. 하나님의 축복을 발견하고 감사하였습니다.

은혜를 보는 사람은 신앙생활을 하는 사람들의 부족함을 보는 것이 아닙니다. 앞으로 하나님께 쓰임받을 그 사람의 미래를 봅니다. 그 사람의 잠재력을 보고 칭찬합니다. 사도 바울이 예루살렘의 제자들과 교제하고 싶어 할 때, 바울을 믿어주는 사람이 없었습니다. 그때 바나바가 바울을 예수님의 제자들에게 소개해주었습니다(행 9장). 바나바는 '영적 통찰력'이 있었습니다. 바나바는 바울이 그냥 믿는 척 행동을 하는 것인지, 진짜로 예수님을 만나서 회심(conversion)한 것인지를 분별할 수 있었습니다.

바나바는 안디옥 교회의 부흥에 크게 쓰임받은 사람입니다(24절). “이에 큰 무리가 주께 더하여지더라.” 바나바의 신앙 인격이 어떠했기에 부흥의 결과를 가져왔을까요? 그의 신앙 인격은 탁월하였습니다. 성경은 그가 “착하고 성령 충만”(24절)했다고 합니다. 이런 사람이 교회 안에 있으면 교회는 부흥합니다. 그는 사람들이 보기에도 착했습니다. 저와 여러분은 착합니까? 착해야 합니다. 그리고 바나바는 성령 충만, 믿음 충만했습니다.

바나바는 성령 충만했기에 하나님의 은혜를 보았습니다. 사람의 눈은 육안과 심안과 영안이 있습니다. 육안은 보통 보이는 물체를 보는 것입니다. 심안은 사람의 마음을 보는 것입니다. 영안은 하나님이 하시는 일을 봅니다. 그리스도인이 성령 충만하면 영안이 뜨입니다.

성령 충만하면, 하나님이 하시는 일이 보이는 것입니다. 교회 일을 하는 중에 하나님이 기뻐하시는 일이 보이고 느껴집니다. 마귀가 교회를 시기하여 행하는 일들이 보입니다. 바나바는 착하고 성령 충만하니 영안을 뜨고 하나님이 하시는 일들을 봅니다. 하나님의 은혜를 보았습니다. 그 결과 교회에 “큰 무리가 주께 더하여지더라”(24절)고 하였습니다.

교회에서 제자훈련 몇 년 하는 것보다 사람을 더 빠르게 변화시키는 방법이 있습니다. 잘 믿는 모델이 되는 성도를 보고 배우는 것입니다. 그래서 모범이 되는 성도가 많은 교회는 좋은 교회입니다. 바나바처럼 ‘하나님의 은혜를 보는 좋은 성도’가 되시길 바랍니다. 아멘!

2) 기쁨을 누리는 사람(23절)

성경은 "기뻐하여"라고 합니다(23절). 성령 충만한 바나바는 기뻐하였습니다. 성령 충만은 예수 충만입니다. 예수 충만하니 기쁨으로 충만했습니다. 영어로 'JOY'(기뻐하라)를 풀어서 기쁨이 가능하게 하는 방법을 배울 수 있습니다. (1) Jesus First, (2) Others Second, (3) You Third. 예수님을 첫 번째로, 주변 사람을 두 번째로, 그리고 세 번째로 당신을 높인다면 기쁨이 넘칠 것입니다.

베드로가 풍랑 속에서 예수님을 보고 배에서 내려 바다 위를 걷다가 빠졌습니다. 풍랑이 일 때 파도를 보고 두려워할 때 바다에 빠졌습니다. 주님을 바라보아야 두렵지 않습니다.

바나바는 열악한 환경, 새로 생긴 개척교회에서 건물이나 사람 숫자나 외적인 환경을 보는 것이 아니라 하나님의 임재와 영광을 보았습니다. 하나님의 은혜를 보았습니다. 한 생명이 예수 믿고 구원받고 변화되는 것을 보았습니다. 그 결과 그의 안에 기쁨이 넘쳤습니다. 이 기쁨이 충만하니 옆사람에게 흘러갑니다(flowing). 바나바는 위로와 평안을 흘려보냈습니다.

성도 여러분, 성령이 주시는 기쁨으로 충만하십시오. 기쁨과 감사와 찬양을 가족에게, 친구에게, 성도들에게 흘려보내시기 바랍니다.

3) 격려하는 사람(23절)

바나바는 "주 안에 있으라"고 격려하는 사람입니다(encourage, 23절). 바나바는 믿음이 연약한 사람들에게 확신을 심어주고, 교회를 떠나려는 사람들에게 믿음 안에 굳건히 서 있도록 격려합니다. 그는 슬픈 일을 당하거나 마음의 상처를 받은 사람들의 위로자요, 격려자였습니다. 바나바처럼 공동체를 위로하고 격려하는 그리스도인이 되길 바랍니다. 칭찬하고 격려하는 그리스도인이 있는 곳에는 화해가 있습니다. 바나바는 교회를 화평하게 하는 사람이었습니다.

바나바는 개인의 명예나 유익보다 교회의 유익을 우선시하였습니다. 그는 안디옥 교회의 지도자로서 다소에 있는 바울을 데리러 갑니다. 그는 바울과 함께 성도들을 양육합니다. 선한 영향력을 끼친 성도들은 비로소 그리스도인이라고 일컬음을 받습니다(11:26). 그 후에 그는 바울과 함께 안디옥 교회의 선교사로 파송받아 이방인 선교를 감당했습니다(13:4).

바울의 1차 선교여행 후, 2차 선교여행 전에 마가의 일로 바울과 바나바는 다투고 갈라섭니다. 바울은 청년 마가가 1차 선교 여정 중에 이탈하는 것을 보고 2차 선교에 데려가지 않으려고 했습니다. 바나바는 마가의 잘못에도 불구하고 가능성과 재능을 고려하면서 한 번 더 기회를 주려고 했습니다.

세월이 흐른 후에 원칙주의자 바울이 후회하고 바나바, 마가와 화해합니다. 고린도 교회 교인들에게 바나바를 긍정적으로 소개합니다(고전 9:6). 그리고 바울이 나중에는 마가를 유익한 일꾼이니 꼭 데려오라고 합니다(딤후 4:11). 바울은 바나바를 귀하게 여깁니다. 바울은 마가를 귀하게 여깁니다. 마가도 성숙된 주님의 종이 됩니다. 마가는 '마가복음'을 기록할 정도로 베드로의 제자로 인정받고 성숙하고 귀한 인물이 됩니다.

제가 목회하면서 중요시한 방향이 있었습니다. 바나바와 같은 성도님들이 많이 일어나길 기도했습니다. 바나바는 자신보다 교회를 먼저 생각하고, 교회보다 하나님의 나라를 먼저 생각했습니다. 바나바는 하나님 나라에 꼭 필요한 사람이었습니다. 그가 머물다가 간 자리는 향기가 가득했습니다. 그의 성숙한 사역의 결과로, 은혜를 보는 사람들이 많이 생겼고, 그리스도인들이 많이 생겼습니다.

"…이에 큰 무리가 주께 더하여지더라"(행 11:24).

결론 | 오늘날 교회에 가장 필요한 일꾼은 바나바와 같은 사람이 아닐까요? 우리가 바나바와 같이 인격이 성숙하여 착하고 성령 충만하고, 영안이 뜨여 하나님의 은혜를 보는 사람이 되길 축원합니다. 저와 여러분이 성령이 주시는 기쁨으로 충만하기를 바랍니다. 믿음의 격려자가 되시기 바랍니다. 성령 충만하여 하나님의 복을 충만히 받아서 축복과 은혜를 세상으로 흘려보내시기 바랍니다.

기도 | 사랑의 주님, 바나바처럼 성숙한 인격과 믿음의 격려자가 되게 하시고 내가 속한 공동체에 축복을 흘려보내는 그리스도인이 되게 하소서. 예수 그리스도의 이름으로 기도합니다. 아멘.

04

생명까지 주님께 맡기는 베드로의 믿음

행 12:1–12

성령이 주시는 새로운 깨달음이 있으셨나요? 베드로는 성령의 인도를 받아 이방인 고넬료에게 가서 말씀을 전했습니다. 베드로는 성령이 이방인들에게 내려오심을 목격합니다. 성령은 베드로에게 새로운 깨달음을 주셨습니다. 성령은 베드로의 이방인을 향한 편견도 깨뜨리십니다. 이제 성령 충만한 베드로는 복음 전파 사역도 자신의 생명도 하나님께 다 맡기게 됩니다.

예수님의 제자인 요한의 형제 '야고보'가 스데반을 이어서 순교하게 됩니다(행 12:2). 이때 교회를 박해한 인물은 '헤롯 아그립바 1세'입니다. 그는 헤롯 대왕의 손자로 그의 집권은 짧았고 비참하게 죽습니다. 성경은 헤롯이 "벌레에게 먹혀 죽으니라"(행 12:23)라고 기록합니다. 사도 야고보의 죽음을 보고 유대인들이 좋아하자, 헤롯은 교회의 수장 베드로도 감옥에 가두었습니다(행 12:3-5). 그리고 그를 사형시키려고 합니다.

1) 감옥에서도 평안을 잃지 않는 베드로(12:7)

군사들이 얼마나 삼엄하게 베드로를 지켰는지를 성경은 보여 줍니다(4, 6절). 16명이 베드로를 지키고, 베드로의 양쪽에 군사가 있고, 쇠사슬로 손과 발을 묶어 놓아서 꼼짝 못하게 했습니다(4-6절). 문밖에도 파수꾼이 지켰습니다. 베드로의 탈출은 꿈도 못 꾸는 상황이었습니다.

그런데도 베드로의 마음에는 평안이 있었습니다. 며칠째 그는 갇혀 있었고 내일이면 죽을지도 모를 상황인데, 자신의 생명도 사역도 하나님께 맡기는 성숙한 믿음을 보여 줍니다. 베드로에게는 "죽으면 죽으리라!"는 믿음이 있었습니다.

다니엘은 사자굴에 들어가기 전에 "죽으면 죽으리라"는 믿음이 있었습니다. 사드락, 메삭, 아벳느고는 7배나 뜨거운 풀무불에 던져질 때 "죽으면 죽으리라"는 믿음이 있었습니다. 그들 마음속에 하나님이 하늘의 평강을 주셨습니다. 감옥에 갇힌 베드로는 죽음 앞에서도 마음에 평안이 넘쳤습니다. 그래서 천사가 왔을 때 베드로는 감옥에서 편하게 잠을 자고 있었습니다.

"평화, 평화로다. 하늘 위에서 내려오네. 그 사랑의 물결이 영원토록 내 영혼을 덮으소서. 아멘!"

베드로는 깊이 잠들어 있었습니다. 천사가 베드로의 옆구리를 쳐서 깨웠습니다. 급히 일어나라 하니 손에서 쇠사슬이 벗어집니다(행 12:7). "띠를 띠고 신을 신으라…겉옷을 입고 따라오라"고 합니다. 베드로는 천사를 따라갑니다(8-9절). 첫 번째 파수꾼을 지납니다. 두 번째 파수꾼을 지납니다(10절). 마지막 문은 대로로 나가는 쇠문인데 자동으로 열립니다. 기적이 일어났습니다. 하나님이 천사를 보내서 베드로를 살려 내신 것입니다. 그때 베드로는 아직 죽을 때가 아니었던 것입니다.

스데반과 야고보는 하나님 나라를 위해 먼저 순교했습니다. 베드로는 아직 사명이 있습니다. 베드로는 아직 하나님이 맡기신 할 일이 있어서 살아야 했습니다. 저와 여러분이 살아 있는 것은 할 일이 있어서 하나님이 살려주신 줄 믿습니다. 절망적인 환경, 여러 문제 때문에 번민합니까? 마음에 하늘로부터 오는 평화가 임하시기 바랍니다.

2) 기도하는 교회(12:5): 예루살렘 교회는 진정 믿음의 기도를 하였는가?

베드로가 잡혀간 후에 교회는 베드로의 보호와 석방을 위해서 하나님께 기도하였습니다(5절). 우리는 교회의 중요 문제가 있을 때 함께 기도해야 합니다. 기도는 하나님의 기적을 체험하게 합니다. 기적적으로 탈옥한 베드로는 성도들이 모여 있는 마가 요한의 다락방으로 찾아갔습니다(12절).

그런데 아이러니한 문제가 발생합니다. 감옥의 거대한 쇠문들은 저절로 열렸는데(10절), 베드로의 석방을 위해 기도하던 성도들의 집의 작은 문은 열리지 않았습니다. 베드로가 왔으나 성도들은 '베드로의 천사'가 왔다고 말합니다. '로데'라는 소녀의 말을 믿지 않았습니다(13절). 성도들은 "네가 미쳤다"(15절)고 합니다.

당시 유대인들은 한 사람에게 각각 수호천사가 지켜준다고 생각했습니다. 베드로가 계속 문을 두드리자, 문을 열고 베드로를 보고 놀랍니다. 베드로는 하나님이 어떻게 자신을 감옥에서 구원하셨는지를 설명하고 조용히 사라집니다. 19절을 보면, 베드로를 지키던 파수꾼들은 심문을 받고 베드로를 대신하여 사형을 당합니다. 베드로가 이때 로마로 향해 갔다고 합니다.[16)]

3) 주인공을 집착하지 말라

우리는 하나님 나라에서 주인공에 집착하지 말아야 합니다. 그리스도인은 하나님 나라를 위하여 때로는 조연으로, 때로는 엑스트라로 쓰임받아도 최선을 다해야 합니다. 베드로, 바나바, 바울 등 하나님께 쓰임받는 인물들은 그 일을 완수하고 난 후에는 조용히 사라집니다. 바나바는 2차 선교를 떠나기 전에 바울과 결별한 후에 마가와 함께 구브로(Cyprus)로 떠나면서 사도행전의 무대에서 사라집니다.

베드로는 감옥에서 나온 후에 예루살렘 교회의 지도자의 자리에서 물러나 다른 곳으로 갑니다(17절). 전도자 빌립도 전도하는 모습을 보여 주고 다른 곳으로 사라집니다. 다 바울이 될 수는 없습니다. 다 주인공일 수 없습니다. 우리는 하나님 나라를 위해서 감독자이신 하나님이 맡기신 배역을 최선을 다해 일해야 합니다.

*** 배용덕 전도사 간증

배용덕 씨는 코미디언이고, 본인이 하는 말로 아주 못생겼습니다. TV프로 '폭소 대작전'에 출연했습니다. 배용덕 씨는 후두암 말기 환자로 14년 동안 암 투병을 했고, 두 번 수술했고 지금은

16) 사도행전 15장을 보면, 베드로가 예루살렘 공의회에 잠시 나타났다가 사라집니다.

다 나왔다고 합니다. 그는 "처음에는 생명은 부모가 주는 줄 알았습니다. 그런데 생명은 하나님이 주십니다"라고 간증합니다.

부모가 자기 자식을 '이렇게 만들어야지' 해서 생각한 대로 만드는 사람은 없습니다. 엄마 배 속에서 나올 때, 자기 자식의 얼굴을 궁금해합니다. 그냥 부모가 낳아 보니 우리는 이렇게 태어났습니다.

배용덕 씨가 강조하는 성경 말씀은 "너는 범사에 그를 인정하라 그리하면 네 길을 지도하시리라"(잠 3:6)입니다. 초등학교 3학년 때, 그의 어머니는 작두 타는 무당이었습니다. 그런데 어머니의 마지막 유언은 "내 마지막 소원은 너희가 예수님을 믿는 것이다" 하고 돌아가셨습니다. 어머니의 놀라운 유언입니다.

고등학교 친구인 개그맨 김명덕 씨를 만나서 개그맨 시험을 보게 됩니다. 그가 인생에 처음으로 새벽기도를 나갑니다. 개그맨 지원자가 전국에서 580명이 왔습니다. 얼굴만 보고 그는 1차에 합격했습니다. 최종 10명을 뽑는데, 한 번 더 새벽기도를 갑니다.

목사님께 기도를 받고 나오다가 다시 한번 더 목사님께 안수기도를 받습니다. 그는 너무나 간절하여, 목사님께 힘을 다하여 흔들며 간절히 기도해 달라고 했습니다. 12년 된 혈루병 병자가 예수님의 옷에 손을 댈 때 능력이 나갔습니다. 그 간절한 기도로 개그맨이 되었다고 합니다. 예전에는 술 먹고 담배 피우고 도박을 했으나, 이제는 회개하고 하나님만 바라보고, 하나님께 맡기고, 그분만을 의지하고 간구하며 순종하는 믿음으로 간증하는 삶을 살아가고 있습니다.

결론 | 베드로는 감옥에서 사형을 앞두고도 생명을 하나님께 맡겼습니다. 교회는 기도하고 응답하시는 하나님을 신뢰해야 합니다. 우리는 하나님 나라의 주인공이 아니라 엑스트라로 쓰임받더라도 영광으로 여기고 순종해야 합니다. 하나님이 우리의 생명을 주셨고, 구원해 주셨습니다. 이제 진정으로 우리의 사역과 생명까지도 하나님께 온전히 맡기는 믿음을 가지시길 축원합니다.

기도 | 생명을 주관하시는 하나님, 나의 생명을 온전히 하나님께 맡깁니다. 불확실한 미래로 인해 불안해하지 않고 하나님을 신뢰함으로 평안과 기쁨이 넘치는 그리스도인이 되게 하소서. 예수 그리스도의 이름으로 기도합니다. 아멘.

05

성령께 순종하는 안디옥 교회

●

행 13:1-12

초대 예루살렘 교회가 유대 땅에 세워진 대표교회라면, 안디옥 교회는 이방 땅에 세워진 대표적인 교회입니다. 스데반의 순교로 흩어진 사람들이 처음 안디옥 교회를 개척했고, 바나바가 대표 목회자이고, 사울과 또 다른 동역자들이 있었습니다. 안디옥 교회는 어떤 교회일까요?

1) 한마음으로 평안한 교회입니다(1-2절).

안디옥 교회에는 여러 명의 선지자들과 교사들이 있었습니다. 교회의 교사 5인을 분석해보면, 각각 다른 배경을 가졌지만 **주님을 섬기는 데 한마음이 되었습니다.**

(1) 바나바는 헬라파 유대인으로 구브로섬 출신의 유대인으로 레

위인입니다.

(2) 니게르라는 시므온은 그 이름의 뜻이 '여호와께서 들으셨다'이고, 니게르는 로마식으로 '검다'는 뜻으로 아프리카 흑인 출신으로 그리스도인이 되어서 신실한 일꾼으로 섬겼습니다.

(3) 루기오는 '빛'이라는 뜻을 가지고 있고, 그가 구레네 사람이라는 것은 북아프리카 사람이라는 의미입니다.

(4) 마나엔은 '위로자'이고 왕족입니다. 헤롯의 젖동생으로 동갑내기 왕자로 볼 수 있습니다. 헤롯은 헤롯 안티파스로 세례 요한을 죽이고, 예수님을 재판한 헤롯입니다. 같은 유모의 젖을 먹어도 한 사람은 교회의 핍박자요, 한 사람은 충성된 일꾼이 되었습니다.

(5) 사울은 다메섹에서 주님을 만난 사도 바울입니다(13:1). 성령님은 이들 중에 바나바와 사울을 따로 불러 선교사로 파송하였습니다.

2) 간절히 기도하는 교회입니다(2-3절).

안디옥 교회는 늘 주를 섬겨 금식하며 기도하였습니다(2절). 여기서 '섬긴다'는 의미는 'workshiping the Lord'로서, 안디옥 교회는 예배하는 일을 최우선시했습니다. 그리고 안디옥 교회는 금식하며 간절히 기도하는 교회였습니다. 기도하는 안디옥 교회의 교사들은 영적으로 깨어 있어서 하나님과 매우 친밀한 상태였고, 겸손하고 신앙이 순수했습니다. 안디옥 교회는 금식과 기도를 통해 하나님의 뜻과 계획을 확인하였고, 선교의 주도적인 성령의 인도를 받습니다.

또 바울과 바나바를 세워 선교사로 파송하라는 성령의 말씀에 순종합니다. 안디옥 교회는 선교사를 파송할 때, 교회가 금식하고 기도한 후 두 사람에게 안수 기도하고 파송하였습니다. 선교의 주도적인 성령의 인도하심을 따라 바나바의 고향인 구브로섬으로 가게 됩니다(2, 4절).

3) 성령의 주도로 선교하는 교회입니다(2, 4절).

성령은 주도적으로 안디옥 교회의 선교를 이끄셨습니다. 성령은 안디옥 교회에 말씀하셨습니다.[17] 성령은 권능을 주시고 복음의 증인이 되게 하십니다(행 1:8). "성령이 임하시면 권능을 받고…복음의 증인이 되리라." 성령은 사도행전 13장에서 안디옥 교회를 통하여 땅끝 선교를 본격적으로 시작했습니다.

사도행전 1장 8절은 땅끝선교가 일어날 것을 강조하고, 사도행전 13장부터는 세계선교가 시작됨을 보여 줍니다. 성령은 먼저, 주도적으로 일할 사람을 선택합니다. 성령은 안디옥 교회 지도자들 중에서 바울과 바나바를 선교사로 선택합니다. 그리고 가야 할 방향을 선택합니다. 성령은 안디옥 교회의 선교사의 첫 사역지로 구브로(Cyprus)로 가게 하는데, 구브로는 바나바의 고향이었습니다. 성령은 오늘날에도 선교사를 부르시고, 보내실 곳으로 인도하시고, 그들을 구원받을 자들에게 인도하십니다.

---

17) "성령이 이르시되"(2절). "성령의 보내심을 받아"(4절).

*** 케네스 배(Keneth Bae), 북한 선교 간증

2013-2014년까지 2년 동안 북한에 억류되어 있다가 풀려난 케네스 배 선교사님을 만났습니다. 배 선교사는 북한에서 간첩죄로 재판을 받고, 미국인으로는 최고형인 15년 형과 노역형을 받았습니다. 그는 북한 국경 근방의 단동에 관광사무실을 차렸고, 외국인에게 북한 관광을 시켜주는 일을 했습니다. 주로 믿는 사람들을 모아 들어가서 관광하고, 영어를 가르쳐주고, 함께 문화 체험을 했습니다. 그는 떡을 만들거나 김치 담는 일을 히면서 북한을 위해 기도하고 나왔습니다. 그는 북한을 위해 기도할 용사들을 모았던 것입니다.

어느 날 아무에게도 보여 주지 않았던 선교전략 내용이 들어 있는 하드디스크를 랩탑 노트북에서 빼지 않고 들어가다가 세관에서 발각되어 결국 간첩으로 몰렸습니다. 그는 북한에서 원치 않게도 미국 CIA 소속 간첩으로 낙인 찍힌 것입니다.

처음에 그는 너무나 두렵고 겁이 났습니다.

그때 파카를 입어도 추운 밤에 손발이 따뜻해지면서 주님이 음성을 들려주셨습니다. "나니 안심하라! 성령이 너를 만지신다. 너 외에는 그 누구도 아무도 다치지 않으니 안심하라. 너는 강하고 담대하라!" 그리고 평안함을 주셨고, 기쁨이 충만해졌습니다. 배 선교사는 다량의 신경 안정제를 먹은 것 같은 상태가 되었다고 합니다. 그는 여유가 생기고 북한 사람들을 향해 웃을 수 있게 되었습니다.

결국, 그는 심문을 받으면서 "너희가 부르는 대로 쓰고 사인할게!" 하였다고 합니다. 북한에서는 "왜 우리 공화국이 망하도록

기도했니? 악질이다"라고 호통을 쳤다고 합니다. 하나님도 믿지 않는 이들이니 기도를 무시하면 되는데, 기도하는 것을 겁내고 크게 반응하는 이유는 무엇일까요? 자기들 종교가 있기 때문입니다. 수령님 종교입니다.

그들은 "왜 미국 대통령이 와서 너를 데려가지 않니? 너는 가짜 미국인 아니냐?"라고 질문했습니다. 나중에 시간이 지나면서 그들은 호기심 많은 질문을 개인적으로 와서 했습니다. "진짜? 하나님이 살아 있나?" "남조선은 잘 사나?"

배 선교사가 북한에서 부른 찬송은 "내 영혼이 은총 입어"였고, 마지막에 북한을 나오기 며칠 전 월요일 아침에 "스바냐 3장 20절을 읽으라" 하고 마음에 음성이 들려왔습니다. 그래서 그는 스바냐서를 읽었습니다. NIV 성경에 "…I will bring you home"이 나옵니다. 그래서 '집으로 곧 가겠구나'라고 생각했습니다. 미국 워싱턴 DC에서 특사들이 와서 결국 그는 풀려났습니다. 비행기를 타고 이륙하여 한 시간이 지나서야 '진짜 풀려났구나' 하고 실감이 났습니다. 그리고 월요일 아침 하나님의 음성을 들은 이야기를 했습니다. 미국 정부 특사들이 깜짝 놀랐습니다. "우리가 미국에서 월요일 아침에 출발했습니다."

4) 안디옥 교회 - 세계를 가슴에 품는 교회(5, 14절)

안디옥 교회로부터 파송받은 바나바와 바울과 마가는 1차 선교여행을 떠납니다. 구브로섬(사이프러스섬)으로 간 그들은 유대교 회당을 중심으로 전도사역을 시작했습니다(5, 14절). 그들은 동쪽 끝에서 섬 가운데를 지나 사역하면서 서쪽 끝에 이릅니다. 그들은 바보(Paphos)에서 첫 결실을 맺습니다. 총독인 서기오 바울이 회심을 한 것입니다.

여기서부터 사울의 히브리식 이름이 헬라식 이름인 바울로 쓰입니다(9절). 사울인 바울이 서기오 바울에게 전도한 것입니다. 서기오 바울은 말씀을 들으려고 합니다. 그런데 복음의 방해꾼이 있습니다. 바울과 박수무당과의 영적 전투가 시작되었습니다. 박수무당 엘루마(Elymas)의 세력은 막강했습니다. 그는 도시의 영계를 주도하던 인물로 그의 주술 앞에 온 도시가 눌려 있었습니다(10절). 그는 바울과 바나바를 대적하여 총독이 복음을 믿지 못하게 힘썼습니다(8절, "총독으로 믿지 못하게 힘쓰니").

방해하는 엘루마에게 바울이 선포합니다. "소경이 될지어다!" 그러자 그 즉시 그의 눈이 가려졌습니다. 바울 자신도 예수님께 대항하다가 소경이 된 경험이 있습니다.

엘루마가 소경이 되는 것을 보고 총독이 예수님을 믿었습니다. 그리고 그는 하나님 말씀을 듣고 놀랐습니다. "진리가 너희를 자유롭게 하리라!" 그렇습니다. 예수님이 참 진리입니다. 우리 영혼이 자유하게 됩니다.

그런데 총독이 진정한 회심을 한 것은 바울의 능력을 보고 회심한 것이 아니라, 예수님에 대한 복음을 듣고 놀라서 믿게 된 것입니다.

> "he believed, for he was amazed at teaching about the Lord"(행 13:12, NIV).

그가 진정으로 믿고 놀란 것은 박수 엘루마가 소경이 된 사건이 아니라 복음을 들었기 때문입니다. 예수 그리스도에 관한 말씀을 듣고 놀라서 회심했던 것입니다. 여러분도 성령의 도우심을 통하여 하나님 말씀에 대한 진정한 깨달음이 있기를 바랍니다.

결론 | 성령은 지금도 선교를 주도적으로 이끄십니다. 안디옥 교회에 말씀하신 성령께서 오늘날 교회에 말씀하십니다. 성령의 도우심으로 말씀의 깨달음이 있길 바랍니다. 성령님의 인도에 순종하여 세계 선교에 쓰임받으시기를 바랍니다. 안디옥 교회처럼 간절히 기도하는 교회가 되어야 합니다. 하나님과 친밀함을 가지고 순종하시기 바랍니다. 우리 모두가 온 세계를 가슴에 품는 그리스도인이 되길 축원합니다.

기도 | 성령이여, 우리 모두가 온 세계를 가슴에 품는 그리스도인이 되게 하소서. 예수 그리스도의 이름으로 기도합니다. 아멘.

06

하나님 나라를 위한 환난(hardship)

행 14:19-23

바울은 예수를 믿는 사람들을 잡아다가 감옥에 집어넣고, 스데반이 죽임을 당할 때 그 일에 동참하여 그를 죽이는 사람들의 옷을 지키고 있었습니다. **그랬던** 그가 다메섹을 향해 가다가 도중에 부활하신 예수님을 만납니다. 그는 강력한 빛에 눈이 멀었고, 선지자 아나니아의 안수 기도를 받고 눈이 떠집니다. 바울은 변화되었습니다. 즉시로 그는 복음전도자의 삶을 살게 됩니다. 그는 과거의 자신이 자랑으로 삼았던 가문이나 학문을 배설물로 여겼습니다. 그는 신령한 복을 받았습니다. 동시에 그에게는 핍박과 환난이 따라왔습니다.

바울은 바나바의 도움으로 안디옥 교회에서 교사로 활동했습니다. 그리고 교회는 성령의 음성을 듣고, 바나바와 바울을 선교사로 파송했습니다. 바울은 3차에 걸쳐서 선교여행을 합니다. 그리고 로마에 죄수로 끌려가서 재판을 받습니다. 이제 1차 선교여행이 시작되었습니다.

1차 선교여행의 시작

바나바와 바울과 마가는 한 팀이 되어서 1차 선교여행을 떠납니다. 구브로섬(사이프러스섬)은 바나바의 고향입니다. 그들은 구브로섬으로 먼저 갑니다. 유대교 회당을 중심으로 전도사역을 시작했습니다. 동쪽 끝에서 시작하여 섬 가운데를 지나서 사역하면서 서쪽 끝에 이릅니다. 바보(Paphos)에서 첫 결실을 맺습니다. 그들의 복음을 듣고 총독인 서기오 바울이 회심을 하였습니다. 그 후에 이고니온에서 전도하였습니다(행 13:51-52).

1) 루스드라에서 사역과 핍박

바울 일행은 이고니온의 회당에서 복음을 전했는데, 이방인과 유대인과 관원들이 바울과 바나바를 돌로 치려 했습니다(행 14:1-5). 바울 일행은 핍박을 피해서 '루스드라' 지역으로 도망갑니다(6절). 그리고 또 전도합니다. 바울 일행은 그곳에서 나면서부터 한 번도 걸어본 적이 없는 '앉은뱅이'를 만나게 됩니다. 그를 보니 바울은 "구원받을 만한 믿음"(9절)이 그에게 있는 것을 보고 큰소리로 말합니다. "너의 발로 바로 일어서라!" 하니 그 사람이 일어나서 걷게 되었습니다(9-10절). 기적이 일어났습니다. 무리가 그 일을 보고 "신들이 사람의 형상으로 내려오셨다"(11절)라고 하며, 바나바를 제우스라 부르고 바울을 헤르메스라고 불렀습니다(12절).

그리고 제우스 신당의 제사장이 와서 무리와 함께 두 사람에게 제사를 지내려고 합니다. 두 사도는 옷을 찢으면서 그들의 제사를 말립니다. "우리는 여러분과 같은 사람입니다. 우리가 복음을 전하는 것은 살아 계신 하나님께로 돌아오게 하기 위해서입니다"(15절). 이때 복음을 듣고 믿는 사람도 있고 반대하는 사람도 있었습니다.

그때 유대인들이 안디옥과 이고니온에서 와서 그 지역 사람들을 선동하여 바울을 돌로 칩니다.

'충동하다'라는 말에 해당하는 헬라어는 '페이산테스'(πείσαντες)입니다. 이 말은 '설득하다'란 뜻입니다. 바울과 바나바를 신으로 알고 제사하려고 한 루스드라 사람들을 유대인들이 설득하였다는 것입니다. 그래서 한순간에 그 설득당한 무리가 이제는 바울을 돌로 쳐서 죽이려 합니다.

바울 앞에서 스데반이 죽임당할 때처럼, 지금은 그 자신이 복음을 전하다가 돌을 맞고 거의 죽게 됩니다(19절). 아마도 바울은 숨을 제대로 쉬지 않았을 것입니다. 이때 사람들이 바울이 죽은 줄 알고 성밖으로 내다 버립니다. 정신을 차린 바울이 그를 돌로 친 그 루스드라 성에 다시 들어가서 많은 사람을 제자로 삼습니다(21절). 바나바와 함께 루스드라, 이고니온, 안디옥을 돌면서 복음을 전하여 많은 제자가 생깁니다(21-22절). 물론 교회도 세웁니다. 그리고 각 교회에서 믿음 있는 대표자를 장로로 세웁니다. 바울은 권면합니다.

"하나님의 나라에 들어가려면 많은 환난을 겪어야 할 것이라"(행 14:22).

2) 환난에 반응하는 바울의 태도(22절)

그리스도인이 환난을 이기려면 어떻게 해야 할까요? 바울은 마음을 강하게 하고 변치 말고 믿음을 지키라고 권합니다(22절). 초신자들은 핍박을 받으면 믿음을 쉽게 포기할 위험이 큽니다. 믿음이 약한 그리스도인들은 믿음이 부족하여 강한 핍박이 오면 마음이 약하고 쉽게 변합니다.

> *** 케네스 배 선교사님이 북한에 억류되어서 재판을 받았습니다. 그때 본인이 훈련시켜서 북한에 보낸 자매가 북한 보위부의 증인으로 나왔다고 합니다. 배 선교사님이 미국 스파이라는 것을 거짓 증거하는 증인으로 나왔습니다. 사람은 약합니다. 누구나 시련이 오면 쉽게 포기할 수 있습니다. 우리는 성령의 도우심으로 핍박에 승리할 수 있습니다. 연약한 초신자들은 핍박의 환경이 오면 믿음을 포기하기도 합니다.

⑴ 믿음을 결단하고 지키라(행 14:22).

사람은 마음먹는 것이 어려워도 마음먹으면 못할 것이 없습니다. '내가 하나님 앞에서 믿음을 지키리라!' 우리는 마음으로 결단해야 합니다. 다니엘과 세 친구는 "내가 왕의 진미와 포도주로 자신을 더럽히지 아니하리라"고 결단했습니다. 그 후에는 하나님이 이길 수 있도록 도와주십니다.

(2) 환난을 각오하라(행 14:22).

"하나님 나라에 들어가려면 많은 환난을 겪어야 할 것이라"(행 14:22).

천국에 가기까지 그리스도인은 많은 환난을 겪고 통과하게 됩니다. "예수님은 나를 따르려거든 자기 십자가를 지고 나를 좇으라"고 하십니다. 예수님을 잘 믿으려면 고난도 감수해야 합니다. 때로는 예수님 때문에 손해도 각오해야 합니다. 예수님은 100배 이상의 보전을 약속해 주셨습니다(막 10:29-30).

*** 미국 북가주에 대학생을 선교하는 '그레이스포인트 교회'가 있습니다. 섬기시는 담임목사님은 버클리대학교를 졸업하고 하버드대학교에서 교수로 초청을 받았는데, 하나님께서 그에게 UC DAVIS(캘리포니아대학교 데이비스)에 있는 캠퍼스 교회로 가서 개척사역을 하라는 마음을 주셨습니다. 그때 자신을 추천해준 많은 교수님들과 가족들을 실망시키면서, 대학교 학생교회를 개척하고 섬기면서, 생활이 어려워 시간당 10불씩 받으면서 접시를 닦는 일을 했다고 합니다.

그는 미래의 성공과 돈과 명예를 포기하고 생명을 살리는 일에 자신을 헌신했습니다. 그 교회 모임이 있어서 가보았습니다. 교회 주차장에 Mini Van이 많이 파킹되어 있었습니다. 교회를 섬기고 학생들 라이드를 하기 위해 자가용 승용차를 타지 않고 교회 리더들은 대부분 미니밴을 타고 있었습니다.

성도 여러분, 내가 주님을 위해서 조그만 불편이나 희생이라도 하고 있다면 그것 때문에 축복받을 수 있으니 감사하십시오. 주님은 우리를 위해 십자가를 지셨고, 생명을 주셨습니다. 우리는 당연히 해야 할 희생이지만 주님은 100배의 보상을 약속하셨습니다. 주님은 영생을 보장해 주셨습니다(막 10:29-30).

"예수께서 이르시되 내가 진실로 너희에게 이르노니 나와 복음을 위하여 집이나 형제나 자매나 어머니나 아버지나 자식이나 전토를 버린 자는 현세에 있어 집과 형제와 자매와 어머니와 자식과 전토를 백 배나 받되 박해를 겸하여 받고 내세에 영생을 받지 못할 자가 없느니라"(막 10:29-30).

*** 푸른데일에 위치한 '리트릿센터'에 학생들이 청소하러 온다고 해서 저희 부부가 김밥을 준비해서 갔습니다. 가서 보니 건물 이층에만 방이 여섯 개가 있었습니다. 그 교회가 넓고 사방의 경치가 너무나 아름다운 건물을 구입했습니다. 학생들이 와서 청소를 하고 벙크베드를 조립하여 만들고 있었습니다. 이 건물을 구입하기 위해서 한 부부의 헌신이 있었다고 합니다. 남편은 의사이고 아내는 공학 분야에서 일합니다. 그 부부가 아파트에 렌트로 살고, 수양관 저택의 페이먼트를 내기로 하고 건물을 샀다고 합니다. 놀라웠습니다. 그 부부는 하나님 나라를 위한 가치를 깨달았기에 희생을 결단하고 삶을 주님께 드릴 수 있었던 것입니다.

3) 기도하라(23절)

바울은 장로들과 함께 기도하며 주님께 그들이 계속 헌신할 수 있도록 기도했습니다(23절). 환난에 반응하는 우리의 태도 중에 기도가 중요합니다. 금식기도하며 우리가 믿음을 잘 지킬 수 있도록 앞날을 주님께 의탁해야 합니다(23절). 그 시련과 환난을 우리 힘으로 이길 수 없습니다.

그리스도인은 영생을 얻은 후에 핍박을 겸하여 받을 때(막 10장), 기도로 주님의 도우심을 얻어 승리하게 됩니다.

"하나님 나라에 들어가려면 많은 환난을 겪어야 할 것이니라"(행 14:22).

그래서 우리는 기도해야 합니다(23절). 시험에 쓰러지지 않도록 기도하라고 하십니다. **여러분은 생명이 1분 남았다면 무엇을 하시겠습니까?**

*** 채 에스더 목사님의 간증을 소개합니다. 이분은 1분의 생명이 남았다면 한 영혼을 구하는 데 사용하는 것이 소원이라고 말씀하시는 분입니다. 어린 시절 그녀의 어머니는 자녀를 때리며 죽으라고 고함쳤고, 자녀를 버리고 떠났습니다. 그녀는 서울로 상경하여 거지 생활을 했고, 세 번이나 자살을 시도했습니다. 이후 고아원에 들어가서 살면서 아이들을 돌봐주다가 1965년에 상담원의 도움으로 미국으로 오게 됩니다. 비행기 안에서도 굶었습니다. 돈이 없어서 기내식을 먹겠다는 말도 못했

습니다. 샌디에이고 공항에서 일주일간 안 먹고 기다렸습니다. 자신을 픽업해 주는 사람이 오지 않아 올 때까지 기다렸습니다.

그녀는 미국에 있는 한인 교회를 찾아갔으나, 사실은 한국말을 하고 한국 음식을 먹으러 갔습니다. 그녀는 믿음이 없었습니다. 그런데 어느 날 군부대 식당에 일하러 갔다가 멋있는 사람을 보고 처음으로 간절히 기도합니다. "하나님, 저 사람과 결혼하게 해주세요! 하루 만이라도 결혼할 수 있게 해주세요!"

하나님께서 응답하셨고 그 사람과 결혼하게 됩니다. 남편은 미국 육군 사관학교 출신 소위였습니다. 남편의 집안은 너무 좋아서 동양여자면서 영어도 못하고, 못 배운 이 여자와의 결혼은 불가능한 것이었습니다. 그러나 그녀의 기도로 가능하게 바뀌었습니다.

어느 날 교회에 부흥회가 있었습니다. 죄인을 찾는다고 말합니다. 그래서 그녀는 죄인을 찾아 주려고 일어났습니다. 그때 아주 강력한 바위 같은 빛이 자신을 강타했습니다. 그 이후로 그녀는 변화되었습니다. 예수님이 기뻐하는 삶을 살기로 결단합니다. 그녀는 성령을 받은 후 미국 시어머니에게 용서를 구하고 사랑을 고백했습니다. 자신을 구박했던 한국의 친어머니를 찾아 모셔와서 30년 동안을 모셨습니다. 후에 친정어머니가 딸에게 용서를 구하고 하늘나라에 갔습니다.

그녀는 남편의 도움으로 신학을 공부한 후에, 지금은 여자 목사님으로 플로리다 주의 동북부 도시인 잭슨빌에서 거리사역을 합니다. 그녀가 사역을 시작하고 10분이 지나면 어느새 300명이 모입니다. 거기서 어느 날 그녀는 "사랑이 능력이다" 말씀하는 주님의 음성을 들었습니다.

그녀의 거리 사역에 대하여 처음엔 남편과 자녀들이 이해를 못했습니다. “보통의 미국 시민으로 살아요!” 그랬던 가족이 지금은 변화되었습니다. 성경을 읽고 어머니를 이해하고 어머니를 위대하게 생각합니다. 그녀는 고백합니다.

“내 인생이 너무 즐겁고 행복합니다. 지난날을 바꾸고 싶지 않습니다. 그리고 **내게 1분의 시간이 남는다면, 한 생명을 더 천국 백성으로 만들고 가겠습니다.**” 그녀는 기도와 주의 보호하심으로 시련을 이겼습니다.

바울은 예수 믿고 많은 환난을 당했습니다. 그러나 그는 자신의 핍박자들을 향해서 “여러분도 나와 같이 되길 바랍니다”라고 했습니다. 세상 것을 버렸지만 주님을 알았고, 신령한 복을 받았습니다. 그리스도인은 물질, 명예, 권세를 얻는 경우도 있지만, 예수 때문에 물질과 명예와 권세를 다 빼앗기는 경우도 있습니다. 그러나 예외없이 신령한 복은 다 받습니다. 하나님의 자녀가 되고 영생을 얻게 됩니다.

바울이 복음을 전하다가 돌에 맞아 죽은 듯 보였으나 결국 다시 일어납니다(행 14:19-20). 아직 사명이 남아 있기 때문입니다. 이때 바울은 놀라운 경험을 하게 되는데, 삼층천에 올라가서 놀라운 영적 체험을 하고 살아납니다(고후 12:1-10). 바울은 사도 자격이 없다고 비판하는 자들에게 나도 영적 경험이 있지만 자랑하지 않겠다고 합니다(고후 12:11).

결론 | 환난을 이기려면 첫째, 믿음을 결단하고 지키십시오. 둘째, 주님을 위해 희생을 각오하십시오(22절). 주님은 자기 십자가를 지라고 말씀하십니다. 금생과 내세에 100배의 보상과 영생을 약속하셨습니다. 셋째, 기도로 시험에서 승리하시기 바랍니다(23절).

기도 | 사랑의 주님, 고난에 당당히 맞서는 믿음을 주시고, 늘 창공을 날아가는 독수리처럼 야성의 믿음을 주옵소서. 예수 그리스도의 이름으로 기도합니다. 아멘.

제3장

문화를 뛰어넘는 복음

문화를 뛰어넘는 복음

하나님은 이방인들을 위한 사도로 바울을 택하셨습니다. 바울은 성경을 가르치면서 예수 그리스도의 복음이 유대 율법이나 전통과는 별개라는 것, 구원은 율법과는 별개로 예수 그리스도를 믿는 믿음으로 얻게 된다고 가르쳤습니다.

바울은 은혜의 복음은 모든 민족을 위한 것으로 유대인과 이방인 사이에 어떠한 차별도 없다고 가르쳤습니다. 이방인도 차별이 없다는 복음은 바울과 바나바가 1차 선교여행을 떠났을 때, 하나님이 이방인에게 "믿음의 문을 여셨을 때"(행 14:27) 전파한 메시지의 내용입니다. 그러나 일부 유대인 그리스도인들은 바울의 메시지에 동의하지 않았습니다.

유대 그리스도인들은 "모세의 법대로 할례를 받지 아니하면 능히 구원을 받지 못하리라"(행 15:1)고 말했습니다. 바울은 복음을 전할 때 유대 관습을 지키라고 말하지 않았고, 유대의 특별한 날이나 절기를 지키라고 말하지 않았습니다.

예루살렘 공의회에서 일부 유대 그리스도인들은 "이방인에게 할례를 행하고 모세의 율법을 지키라 명하는 것이 마땅하다"고 주장했습니다. 사도들과 장로들은 신중히 결론을 도출해냈습니다. 베드로는 성령께서 고넬료와 그 가족들에게 성령을 부어 주신 경험을 이야기했습니다(행 15:8-9).

그 후에 베드로는 "우리 조상과 우리도 능히 메지 못한 멍에를(이방인) 제자들의 목에 두려느냐"(행 15:10)고 복음의 핵심을 말했습니다. 바울과 바나바가 "하나님이…이방인 중에서 행하신 표적과 기사"를 말했습니다. 야고보는 "이방인 중에서 하나님께로 돌아오는 자들을 괴롭게 하지 말고"(행 15:19)라고 하며, 요긴한 몇 가지를 제시하고 공의회를 결론짓습니다.

사도행전 15장의 사건은 복음의 순수성과 선교 장애물의 문제를 해결하는 데 중요한 역할을 합니다. 이 장은 복음의 핵심과 유대 문화적 배경을 분명하게 구분하여, 예수 그리스도를 믿는 사람들이 유대교의 한 분파가 아님을 명확히 밝혔습니다.[18] 또 성령 하나님은 이를 통해 교회가 어떻게 선교해야 할지 방향을 분명하게 제시하셨습니다. 이방인들이 예수 그리스도를 따르기 위해서는 문화적으로 유대인처럼 될 필요가 없다는 것도 이 장에서 강조되었습니다.

사도행전 15장에서, 세계 복음화를 위해 하나님께서 열방을 향한 복음의 문을 열어 주셨습니다.[19] 이는 문화적 장벽을 넘어서는 복음의 중요성을 강조하는 것이며, 우리가 다른 문화와 다른 사람들과 함께 일할 때 그들의 문화와 관습을 존중하고 받아들이는 것이 중요함을 알려줍니다.

따라서 사도행전 15장은 예수 그리스도의 복음을 세계적으로 전파하기 위한 방향성과 함께 문화적으로 다양한 사람들을 위한 복음의 순수성을 지키는 데도 중요한 역할을 합니다.

---

18) 한철호, 랄프 윈터, 스티븐 호돈,《퍼스펙티브스 1》, 2010, p. 385
19) 위의 책, p. 355

01

복음의 자유함: 세계선교의 전환점

행 15:1–11

선교사들이 선교지에서 만나는 큰 장애는 언어와 문화입니다. 선교사들은 선교지에 가면 겸손하게 그 나라의 언어와 문화를 배워야 합니다.

*** 인도에서는 소고기를 먹지 않는 문화입니다. 오른손으로 음식을 먹는 문화입니다. 오른손은 먹는 데 사용하고 왼손은 화장실에서 뒤를 닦는 데 사용합니다. 문화에 따라서 인사법이 다릅니다. 따귀를 때리는 인사, 침을 뱉는 인사, 악수하는 인사, 정중히 머리를 숙이는 인사 등이 있습니다. 미국에서는 밥먹을 때 입을 안 벌리고 소리를 내지 않고 먹습니다. 한국사람은 편하게 소리 내면서 먹습니다. 문화는 다른 것이지 더 좋고 더 높은 문화는 없습니다.

예수님은 말씀하십니다. "세계 모든 민족에게 복음을 전파하라"고 하십니다(마 28:19). 그리고 부활하신 예수님은 "내 증인이 돼라"(행 1:8)고 말씀하십니다. 성령 받은 제자들은 순종합니다. 제자들의 헌신과 복음 전파로 온 세계에 복음이 뻗어 나갔습니다. 예수 믿고 하나님 나라를 전파할 때 필연적으로 나타나는 현상은 핍박과 고난이었습니다.

1) 사도행전 15장은 복음과 문화의 관점을 보여 줍니다.

초대교회 안에서 문화의 차이가 복음 전파의 장애물이 되는 상황을 겪게 됩니다. 그런데 새로 믿은 이방인들과 유대인들 사이에서 큰 신학적 이슈가 발생했습니다. '구원의 조건이 무엇인가?'입니다. 안디옥 교회에서 큰 다툼과 변론이 일어났습니다(행 15:2). 그래서 바울과 바나바, 그리고 대표자들을 예루살렘 교회로 보내서 '공의회-총회'에서 이 문제를 해결받기로 한 사건입니다.

예루살렘에서 교회 총회가 열릴 시점은 '이방인에게 복음이 계속 퍼져나갈 것인가? 아니면 복음 전파가 중단될 것인가?'의 기로에 선 상황이었습니다. 예루살렘 공의회는 '세계선교의 전환점'이 된 사건이었습니다. 그것이 사도행전 15장 사건입니다. 결과는 이 사건으로 전 세계적 선교가 이루어지게 되었습니다. 바울의 강력한 주장이자 안디옥 교회의 선교 원리를 예루살렘 총회에서 인준하였던 것입니다.

회의 결론은 이렇습니다. 사도들은 복음과 문화를 분리했습니다. 복음의 핵심은 예수님의 은혜로 구원받는다는 것입니다. 문화는 나라마다 민족마다 다르므로 유대적 문화와 관습은 이방인들에게 강요하지 않는다고 결정했습니다. 이방인은 유대의 관습과 율법을 지키지 않고 그대로 지내면서도 예수님을 믿게 된 것입니다.

'복음의 자유함'은 무슨 의미인가요? 복음은 예수 그리스도의 은혜로 죄인이 구원을 받는다는 소식입니다. 우리의 행위가 아니라 하나님의 의롭다 하심으로 구원을 받습니다. 그 복음이 내 안에 있으면 자유함이 넘칩니다. 복음의 자유함이란 우리의 구원은 문화와 율법과 관습과 행위로부터 제한받지 않는다는 것입니다.

> "율법의 행위로써는 의롭다 함을 얻을 육체가 없느니라"(갈 2:16).
>
> "내가 하나님의 은혜를 폐하지 아니하노니 만일 의롭게 되는 것이 율법으로 말미암으면 그리스도께서 헛되이 죽으셨느니라"(갈 2:21).

유대인 그리스도인들은 삶의 습관에서 율법을 자연스럽게 지켰습니다. 그들은 생각했습니다. '예수님은 율법을 폐하러 오신 것이 아니라 율법의 완전함을 지향하신다'고 유대 그리스도인은 생각했습니다. 그러나 이방인 그리스도인(로마인)이 믿음으로 예수님을 영접하고 유대인들처럼 율법을 지켜야 한다면, 이방인 그리스도인은 예수 믿는 일이 너무 불편하고 힘든 일입니다.[20]

오늘날 신약의 그리스도인이 유월절을 지키나요? 안식일을 지키나요? 아니요. 주일을 지킵니다. 할례를 받나요? 아니요. 신앙고백 후 세례를 받습니다. 이러한 결과는 사도행전 15장의 초대교회 총회의 '문화를 뛰어넘는 복음 해석'의 결의 때문입니다.

---

20) 유대인은 생후 8일 만에 할례를 받고, 안식일을 철저히 지키고, 유월절과 다른 절기들을 지켰습니다. 구약에 먹지 말라고 한 음식을 먹지 않습니다.

오늘날 교회가 예수를 믿어도 행위가 거룩해져야 천국 간다고 주장하나요? 어떤 교파는 의식, 선한 행위를 구원의 조건으로 강조하지만, 복음 안에 있는 교회들은 오직 믿음으로 구원받고, 율법적 요구 조건이 구원과는 상관없다고 믿습니다.

사도 바울은 예수 피의 공로가 하나님의 공의를 만족시킨다고 합니다(롬 1:17, 8:1-4). 믿음으로 하나님의 공의를 만족시킵니다. 우리가 무엇을 해야 구원받는 것이 아닙니다. 나머지는 선택사항입니다. 그리스도인의 거룩한 삶은 예수님을 닮아가는 성화를 위한 것입니다. 성화는 구원 이후에 상급과 연관됩니다.

십자가상의 한 강도는 구원은 얻었으나, 주님을 위해 충성하거나 열매 맺는 삶을 살지 못하였으니 상급을 기대할 수 없습니다.

> "또 미리 정하신 그들을 또한 부르시고 부르신 그들을 또한 의롭다 하시고 의롭다 하신 그들을 또한 영화롭게 하셨느니라"(롬 8:30).

이 말씀은 '예정-소명-칭의-영화'를 설명하는 성구입니다. 구원받은 그리스도인은 하나님의 주권으로 의롭다고 해주셨습니다. 아멘! 로마서 8장 1절의 선언은 칭의 선언입니다. 하나님의 법정에서 내가 죄를 안 짓는다가 아니라 예수님이 변호사로 죗값을 다 지불하셨으니, 내가 유죄가 아니라 무죄라는 것입니다.

> "누가 능히 하나님께서 택하신 자들을 고발하리요 의롭다 하신 이는 하나님이시니"(롬 8:33).

아멘!

2) 문화와 복음 분리의 예들

⑴ 한국에서 세계 곳곳에 파송된 선교사들 중에는 예배를 시작할 때에 한국에서 가져온 조그만 종을 강단 위에 두고 '땡-땡' 치고 시작한다고 합니다. 이러한 행동은 복음과 아무 상관없는 한국 초대교회 예배, 문화와 습관을 선교지에 옮긴 것에 불과합니다. 선교사는 엄숙한 마음으로 예배하는 데 도움이 될지 몰라도 선교지 사람들에게는 알레르기 반응이 되기도 합니다.

⑵ 한국 선교 초기에 크리스마스날은 예수님의 생일날로 알려졌습니다. 예수님 생일 잔치에 헌금 개념을 모르는 한국 사람들이 정을 담아 '부조금'을 가져왔다고 합니다. 그리고 생일날 술이 없어서 되나 하면서 막걸리를 가져와서 마시는 사람도 있었다고 합니다. 잔치도 좋지만 교회 안에서 술을 마시는 것은 실수를 유발하고 은혜가 되지 않으므로 금하였다고 합니다. 복음과 문화에 대한 바른 이해가 있어야 바른 복음을 전할 수 있습니다.

⑶ 일부다처제 사회에 선교사가 들어가서 복음을 전했습니다. 성경이 '일부일처제'를 가정의 원리로 가르쳐주지만, 선교사는 그 사회에서 당장 그 관습을 고치지 않고, 성경 원리를 가르쳐주고, 복음을 자유함 속에서 믿도록 하고 영적 성숙을 기다려 주었다고 합니다. 결국 젊은 신앙인들이 결단했습니다. "부모세대는 여러 아내를 가졌

지만, 우리는 이제부터 한 아내만 취하도록 이제부터 결단합니다."

⑷ 오늘날 술, 담배, 도박, 거짓말, 미워함, 도둑질, 음행은 죄입니다. 그러나 예수를 믿을 때 "이것 다 끊고 예수 믿으세요" 한다면 그것을 끊지 못해서 예수를 믿지 못하게 될 것입니다. 우리가 죄인 됨을 인정하고 마음의 문을 열고 주님께 나오면 됩니다. 선한 행위가 믿음으로 들어오는 길을 막을 수 없습니다. 내 안에 부활하신 예수님이 계시고, 내 몸이 '거룩한 성전'임을 깨달으면 성령께서 도우셔서 하나님이 미워하시는 것, 해로운 것, 더러운 것을 끊게 됩니다.

예루살렘 총회에서, 바리새파 성도는 이방인이 예수를 믿어도 계속 율법을 지켜야 한다고 주장했습니다. 주장의 핵심은 이방인도 반드시 할례를 받고 율법도 지켜야 한다고 주장했습니다(15:1, 5). 그러나 우리가 구약의 모든 율법을 다 지켜서 구원을 받으라고 한다면 불가능합니다.

할례(circumcision)는 구약시대에 하나님이 아브라함을 통해 주신 언약공동체의 징표였습니다. 저도 아들이 태어났을 때 병원에서 할례를 주었습니다. 주님을 사랑하고 언약공동체에 속하게 하고 싶은 마음이었습니다. 그러나 복음을 더 깨닫고 나니 위생적인 이유는 가능해도, 신앙적으로는 그럴 필요가 없었습니다. 오늘날은 믿음을 고백하고 세례를 받으면 됩니다.

하나님이 구약에 주신 언약의 징표로는 노아와 맺은 무지개 징표, 아브라함과 맺은 할례, 모세와 맺은 십계명과 안식일이 있습니다

(출 31:3). 그래서 예수님의 제자들도 유대인들이므로 처음에는 안식일도 지키고 주일도 지켰습니다. 점차적으로 유대인보다 이방인 그리스도인들이 많아지므로, 문화에 얽매이지 않고 복음적 해석으로 부활하신 주일 중심으로 예배를 드리게 되었습니다.

사도행전 15장에서, 공의회에서는 열띤 토론 이후에 베드로가 바울의 주장을 지지했습니다(15:7). 왜요? 성령님께서 베드로에게 이미 충격을 주고 생각을 바꾸셨기 때문입니다. 사도행전 10장을 보면, 베드로는 '고넬료 사건'에서 말씀 전할 때 그들에게 성령이 임하심을 보고 "이방인들도 생명 얻는 회개를 주셨도다"라고 고백했던 경험이 있습니다. 그리고 야고보 사도가 베드로의 주장을 재확인하면서 교회가 최종 확정합니다(행 15:13-20).

교회는 단지 네 가지만 부탁하자고 합니다. 첫째, 우상의 더러운 것, 둘째, 음행, 셋째, 목메어 죽인 것, 넷째, 피를 멀리하는 것입니다. 보편적으로 그리스도인들이 지킬 수 있는 것만 요구했습니다. 우상의 더러운 것은 우상에게 바쳐진 제물을 먹는 것이고, 음행은 성적 부도덕이나 부정한 결혼이고, 목메어 죽인 것과 피를 멀리하는 것은 피나 피가 흥건한 고기를 먹지 말라는 것입니다. 그러나 이 네 가지도 구원의 필수 조건은 아닙니다. 이방인과 유대인 사이에 관계를 조정하기 위한 조건들이었습니다.

결론 | 복음은 우리에게 자유함을 줍니다. 성령의 인도로 교회는 '세계 선교의 전환점에서' 복음과 문화를 구분했습니다. 이 결정으로 복음은 모든 국가, 민족과 종족에게 땅끝까지 거침없이 전진하게 되었습니다. 그러므로 먼저, 복음의 핵심을 깨닫고 율법으로

부터 자유함을 누리십시오. 그리고 복음 전도에 힘쓰는 삶을 사시길 축원합니다.

기도 | 사랑의 하나님, 복음의 핵심을 깨닫고 율법으로부터 자유함을 누리게 하시니 감사합니다. 예수 그리스도의 이름으로 기도합니다. 아멘.

02

선교사가 되기 전에 먼저 예배자가 돼라

행 16:6-15

사도행전 15장에서 복음의 자유함('율법에서 자유하라')을 말씀드렸습니다. 예루살렘 공의회는 복음과 문화를 구분하였습니다. 복음의 핵심은 예수 그리스도의 십자가 공로를 믿음으로 구원받는 것이고, 율법, 즉 "전통과 문화를 지킴으로 구원받는 것이 아니다"라는 말씀을 드렸습니다. 그 일로 기독교가 전 세계로 뻗어나가는 계기가 되었습니다.

사도행전 16장을 보면, 바울이 기도처를 찾아 기도하는 모습을 볼 수 있습니다(행 16:13, 16). 선교사가 되고자 하는 분이 있다면, 먼저 예배자가 되어야 합니다. 예배의 훈련이 되지 못한 분이 선교현장에 가면 영적인 무력감을 경험하고, 영적 전쟁에 패배하고 결국 선교에 실패하고 맙니다. 세상에서 선교적 삶을 살기 전에 직장에서 전도하기 전에 먼저 예배 가운데 하나님을 만나야 합니다. 그래야 전도의 사명을 감당할 수 있습니다(행 16:6-15).

2차 선교여행을 떠나기 전에 바울과 바나바는 큰 의견 대립이 있었습니다. '마가를 데려갈 것인가?'를 두고 두 사도는 다투었습니다. 1차 선교여행 중에 마가는 선교팀에서 중도에 포기하고 돌아갔습니다. 이 일에 대하여 바울은 원칙주의자로 중도에 포기한 자를 데려가면 또 어려움이 올 수 있으니 안 데려간다는 주장입니다. 그런데 바나바는 마가가 마음이 상해서 실수했으나 이제 뉘우쳤으니 한 번 더 기회를 주자는 것입니다. 결국 이 일로 바울과 바나바는 갈라져서 각자 선교팀을 꾸리고 선교여행을 떠나게 됩니다.

바울과 실라, 그리고 바나바와 마가는 선교를 떠납니다. 비록 그들의 의견 대립이 있었지만 하나님의 복음 전파는 거침없이 더욱 전진하게 됩니다. 이들은 헤어졌지만 서로를 존경하고 인정하는 동역자 관계였습니다. 문제의 불씨였던 마가는 나중에 베드로의 수제자가 되고, 바울에게 꼭 필요한 사람이 되며, '마가복음'을 기록하게 되었습니다.

사도행전의 앞부분은 베드로 사역 중심으로 기록되고, 13장부터는 바울 사역 중심으로 기록되어 있습니다. 13장부터 바울 사역 중심으로 기록된 이유는 마가가 사도행전을 기록한 것이 아니라 누가가 사도행전을 기록했기 때문이라고 생각됩니다. 누가는 바울에게 전도된 의사이며, 바울의 선교팀원이었기 때문입니다. 더 크게는 하나님의 섭리라고 이해됩니다. 이방인을 위한 사도로 바울이 로마 황제에게까지 가는 복음 전파의 과정을 보여 주기 위함입니다. 이러한 내용이 15장 후반부에 나타납니다.

16장에서는 바울의 2차 선교여행이 시작됩니다. 디모데가 바울과 실라의 선교팀에 합류하였습니다.

1) 선교를 주도하시는 성령님

사도행전 16장에서, 선교를 주도하시는 성령님을 보게 됩니다(6-9절). "성령이 아시아에서 말씀을 전하지 못하게 하시거늘"(6절). 선교의 주도자 성령님이 바울의 선교 방향을 인도하십니다. 오늘날에도 선교사님들이 어느 나라로 갈지를 인도하십니다. 사역자들이 자기 생각대로 교회를 옮기려 하면 순조롭지 않고 막힙니다. 마음이 불편합니다. "비두니아로 가고자 애쓰되 예수의 영이 허락하지 아니하시는지라"(7절).

"밤에 환상이 바울에게 보이니"(9절)에서 환상이 무엇일까요? 환상은 잠자다가 보는 것이 아닙니다. 잠자다가 보는 것은 '꿈'이라고 합니다. 깨어 있는데 어떤 화면을 보는 것을 환상이라고 합니다. 보통은 기도 중에 경험합니다. 마게도냐 사람이 일어서서 "마게도냐로 건너와서 우리를 도와주시오!" 하는 것입니다. 그래서 '아! 하나님께서 아시아 지역은 막으시고 마게도냐로 인도하시는구나'라는 확신을 가지고 마게도냐로 가게 됩니다. 배를 타고 바다를 건너서 '빌립보'라는 도시에 도착합니다. 여기서 복음을 전하고 바울은 교회를 개척하게 됩니다.

2) 선교사가 되기 전에 예배자가 돼라!

전도하기 전에 먼저 예배자가 되십시오. 복음 전도를 하는 이유는, 그들을 구원받게 하기 위해서입니다. 그러나 그것이 궁극적인 이유는 아닙니다. 약국에 가는 것은 약을 사는 것이 1차 목표이고, 약국에 가는 궁극적 목표는 약을 사서 먹고 병이 낫기 위해서입니다. 전도를 하는 이유는 그 영혼이 구원받게 하는 것은 1차 목표이고, 더 궁극적 이유는 구원받은 사람이 하나님을 예배하는 예배자가 되게 하기 위해서입니다. 구원받은 하나님의 사람들은 다 예배자입니다.

아브라함은 예배자입니다. 그가 가는 곳마다 제단을 쌓고 여호와의 이름을 불렀습니다. 하나님을 알지 못하는 땅에 도착해서도 제단을 쌓고 예배를 드리는 예배자였습니다. 그는 믿음의 조상이 되기 전에 먼저 예배자였습니다. 선교사 이전에, 선지자 이전에 예배자였습니다.

모세는 이스라엘 백성을 이끌고 출애굽할 때, 바로에게 하나님의 말씀을 선포합니다. "내 백성을 보내라 그들이 나를 예배할 것이다"라고 합니다. '여호와 하나님이 나를 보내셨다. 그분은 예배를 원하신다'고 합니다. 구원받은 히브리 민족은 예배자로 훈련받습니다.

다윗은 골리앗을 물리치기 전에 먼저 참예배자였습니다. 하나님을 경험하고, 신뢰하고, 그분의 영광을 위해 양을 치고 부모님께 순종했습니다. 다윗이 하프 연주를 하면 귀신이 떠나갔습니다. 사울왕의 병이 치유되었습니다. 하나님을 예배하는 데 온 마음을 드렸고, 찬양을 드렸고, 온갖 최고의 예물을 하나님께 드렸습니다.

다니엘은 30일간 왕 외에 다른 신에게 기도하는 자는 누구를 막론하고 사자굴에 넣는다는 왕의 공포가 있었지만, 그는 자기 목숨보다, 정치적 실권보다 먼저 하나님을 예배하는 데 최우선을 두는 예배자였습니다.

3) 전도자 바울은 예배자입니다(13절).

바울이 마게도냐의 빌립보 성에 도착했습니다. 그리고 그곳에서 먼저 예배하고 싶었습니다. '안식일에 기도할 곳이 있는가?' 예배의 처소를 찾았다는 것입니다. 강가에 모여서 여호와 하나님께 예배하는 여인들을 만납니다. 그들과 함께 하나님을 예배합니다. 그리고 하나님의 말씀을 전합니다. 교회가 없는 그곳에서도 바울은 먼저 예배드릴 곳을 찾았습니다.

바울은 예배 가운데 성령의 감동하심과 보호하심을 경험합니다. 바울의 행동을 보면 그가 가는 곳마다 예배드렸다는 것을 알 수 있습니다. 아무도 알지 못하는 미지의 땅, 빌립보에서 먼저 예배드릴 때 하나님의 축복을 경험합니다. 사람을 만나게 하십니다. 하나님은 루디아에게 감동을 주십니다. 바울을 통해 말씀 들을 때(예배 중에) "주께서 그 마음을 열어 바울의 말을 따르게 하신지라"(14절)라고 하였습니다.

루디아는 자색 옷감 장사로 방직공장 여사장님인데, 은혜받고 예수 믿기로 결단하고 그와 그의 가족이 모두 세례받는 기적이 일어났습니다. 그리고 루디아 사장님은 "나를 주 믿는 자로 알면 우리 집에 와서 묵으십시오"라고 강권했습니다. 그래서 그녀의 집이 빌립보 교회가 되었습니다. 곧 전도된 감옥 간수의 가족들도 교인들이 됩니다.

*** 사업하시는 한 장로님이 선교를 하시는데, '의료기를 도네이션받아 고쳐서 중국, 아프리카, 멕시코에 주는 일을 하셨습니다. 그분은 사람들을 정말 많이 알고 지냅니다. 그런데 만나

면 하나님 이야기를 한다고 합니다. 그리스도인은 삶이 예배자와 증인으로 변화되어야 합니다.

*** 국가대표 축구선수였던 김신욱 선수는 "하나님의 영광을 위해서 축구를 한다"고 간증합니다. 그는 중학교 2학년 때 교회에 처음 갔습니다. 그는 가슴속의 인생의 목표가 무엇인가를 생각하게 됩니다. 그는 《하나님의 음성을 듣는 방법》이란 책을 읽으면서 '그렇다! 하나님을 만나자!'라고 생각합니다.

고등학교 2학년 때 수련회에 참석합니다. 약 2천 명 모임 중에, 한 여자 아이가 울면서 기도하는 모습이 충격이었다고 합니다. 그리고 그는 하나님께 내년 수련회 때 꼭 자기를 만나달라고 기도합니다. 고등학교 3학년 때 "절 만나주세요"라고 기도합니다.

기가 막힌 타이밍에 휴가를 얻어 다시 수련회에 갔습니다. 1년 동안 준비했는데 하나님을 못 만났습니다. 억울해서 강당에서 혼자 기도했습니다. 그는 모인 2천 명 가운데 창피를 무릅쓰고 앞으로 걸어나갔습니다. 그런데 놀랍게도 자신이 방언으로 회개하고 있었습니다. 어릴 때 아이들을 때린 것부터 다 회개했습니다. 회개를 마쳤을 때 빛이 다가왔습니다. 그는 넘어졌습니다. 인격적인 예수님을 만났습니다. 그리고 그는 달라졌습니다.

그때부터 수요예배, 철야예배를 빠지지 않고 드리고, 안 믿는 자들에게 전도하는 삶을 살았다고 합니다. 매일 저녁 10-12시는 회개 시간입니다. 그는 예배자가 되었습니다. 중앙대학교에서 프로팀으로 가기 전에 처음에 교회 다니는 사람이 2명이었는데, 그가 나올 때 10명이 예배드렸다고 합니다.

그 축구 국가대표팀에 이영표 선수가 있었습니다. 그는 김신욱 선수에게 대표팀의 예배가 끊어지지 않게 해달라고 부탁했습니다. '아시안게임'에서 결승전을 마치고 10명이 무릎꿇고 기도했습니다. 후배들에게 말합니다. "형네 방에 와라! 금메달 따고 싶지?" '세상을 창조하신 주! 하나님을 만난 사람들 이야기'를 해줍니다. "월목 예배하자!" 처음에는 금메달을 따기 위해 예배했습니다. 그런데 그 후에는 그들 자신을 위해 십자가를 지신 하나님을 예배했습니다.

결승전을 앞두고 "우리는 믿음의 경주를 하자! 나는 이제 더 이상 너희들에게 성경 이야기를 해줄 수 없어. 예수님만 바라보자!"라고 하며 "결승에서 우승하면 하나님께 영광을 돌리자! 울면서 기도하자!"라고 약속했는데, 우승하고 10명이 울면서 기도했다고 합니다.

그 후 월드컵 대회를 준비하기 위해 전지훈련으로 미국에 갔습니다. 너무 힘들었습니다. 발바닥이 전부 물집이었습니다. K리그 MVP 김신욱은 육체적으로 정신적으로 바닥이었습니다. 그는 비행기 안에서 기도 중 성경을 펴고 묵상을 합니다. 사사기를 보니, 미디안 군 13만 5천을 300명이 이겼습니다. "기드온과 함께했던 내가 너와 함께하겠다." 이 말씀을 하나님이 자신에게 주신 말씀으로 받았습니다. 코스타리카 강팀과 싸울 때 이스라엘이 "자랑치 못하게 하라!"는 말씀대로, 골을 넣었을 때 "주님이 다 하셨습니다"라고 고백했습니다.

우리 그리스도인은 학생, 의사, 공무원, 교사, 운동선수로서 자기

가 서 있는 자리에서 먼저 예배드리는 자가 되어야 합니다. 내가 지금 있는 곳이 예배의 장소, 전도의 장소가 되어야 합니다. 그리스도인은 젊은 때나 은퇴 이후에라도 주님이 보내신다면, 성령의 바람이 부는 곳에 가서 복음을 전하며 살 수 있습니다.

결론 | 예수님 한 분만을 붙들고 살아가야 합니다. 내가 서 있는 지금 이곳에서 빛을 비추며 살아갑시다. 절망의 자리에서 일어날 수 있기를 바랍니다. 세상의 유혹이 밀려오고 사탄의 위협이 있을지라도 하나님의 사람은 먼저 참 예배자가 되어야 합니다.

기도 | 사랑의 하나님, 나를 예배자로 불러주심을 감사드립니다. 아브라함, 다윗, 다니엘, 바울처럼 삶의 자리에서 하나님을 예배하는 그리스도인이 되게 하소서. 예수 그리스도의 이름으로 기도합니다. 아멘.

제4장

거침없는 복음 전파 – 로마를 향하여

01

주 예수를 믿는다는 것은?

행 16:25-31

바울이 2차 선교여행을 출발했습니다. 아시아로 가고자 했으나 성령이 막으시고 성령의 인도로 유럽을 향합니다. 마게도냐의 첫 성인 빌립보에 도착합니다. 오늘 사건은 빌립보에서 일어났습니다.

바울이 일행과 함께 기도처로 갑니다. 기도처로 간다는 것은 예배드리러 간다는 것입니다. 바울의 뒤를 귀신 들린 여종 하나가 따라오면서 "이 사람들은 지극히 높은 하나님의 종으로서 구원의 길을 너희에게 전하는 자라"(16:17)고 외칩니다. "이같이 여러 날을 하는지라"(16:18). 바울의 마음이 심히 괴로웠습니다. 귀신 들린 여자 아이를 보고 불쌍히 여기는 마음이 강하게 일어났습니다.

그래서 바울은 "예수 그리스도의 이름으로 내가 네게 명하노니 그에게서 나오라"(16:18)고 명령합니다. 그러자 즉시 귀신이 떠났습니다. 그 여종을 통해 점을 치게 해서 돈을 벌던 주인들이 화가 났습니다. 사업상 손해가 막심하다는 것입니다. 바울에게 복음 전파와 선한 일의 결과는 오히려 고난과 핍박과 감옥 행이었습니다.

바울과 실라는 감옥에 갇혀 몽둥이와 채찍에 맞아 등에 피가 흐르고 온몸이 욱신거려도 감사 기도를 드렸습니다. 찬양을 하나님께 올려 드렸습니다. 바울은 죄 없이 부끄러움과 매 맞음을 당했고, 죽도록 맞은 후에는 발에 쇠고랑이 채워져 감옥 깊은 곳에 갇혔습니다. '내 신세가 왜 이렇게 되었나?' 하며, 절망할 수 있는 상황이었습니다. "다른 일도 아니고 하나님 일을 하는데 왜 이렇게 고난을 받아야 합니까?"라고 생각할 수도 있을 텐데, 그들은 한밤중에 찬양을 하나님께 올려 드렸습니다.

여기에 바울의 위대함이 있습니다. 그리스도인은 기쁠 때나 슬플 때나 환경을 초월하여 찬양하는 사람들입니다. 하늘에 속한 사람은 환경을 뛰어넘는 찬양을 합니다. 세상이 감당하지 못하는 믿음의 사람들입니다.

갑자기 큰 지진이 일어났습니다. 감옥 터가 흔들립니다. 감옥 문이 다 열렸습니다. 잠자던 간수가 놀라서 일어납니다(27절). 캄캄한데 문은 열렸고, 죄수들이 다 도망한 줄 알고 간수가 검을 빼어 자결하려고 합니다. 그러자 바울이 큰소리로 외칩니다. "네 몸을 상하지 말라 우리가 다 여기 있노라"(28절).

간수가 등불을 켜고 들어와서 무서워 떨며 바울과 실라 앞에 엎드리고(29절) 묻습니다. "어떻게 하여야 구원을 받으리이까"(30절). 역전의 드라마가 일어났습니다. 바울이 선언합니다.

> "주 예수를 믿으라 그리하면 너와 네 집이 구원을 받으리라"(31절).
>
> "Believe in the Lord Jesus, and you will be saved-your

household"(31절, NIV).

"너와 온 가족이 구원을 얻으리라!" 아멘! 간수의 온 가족이 예수 믿고 크게 기뻐하였습니다.

주 예수를 믿으면 구원을 얻습니다

무엇으로부터 구원을 얻나요? '죄와 사망'으로부터 구원입니다. 바울은 유대 율법학자로서 참 메시아이신 예수님을 알지 못하고 교만하게 행동하던 때가 있었습니다. 바울은 예수님을 믿는 자를 잡아 감옥에 가두고 핍박했던 핍박자였습니다. 그는 뭘 모르고 예수님을 박해했는데, 예수님은 그를 만나 주셨습니다. 그리스도인들을 잡으려고 가는 도중에 사랑의 예수님이 바울을 만나 주셨습니다.

그 충격은 놀라웠습니다. 십자가와 부활의 감격이 바울이 죽는 날까지 식지 않았습니다. 예수 믿고 구원을 얻은 바울은 십자가의 능력을 가졌습니다. 바울은 구원의 길을 찾는 자들에게 그의 안에서 그를 다스리시는 예수님을 확신 속에서 증거했습니다. 그렇습니다. 우리가 믿는 자라면 평생에 한번은 꼭 십자가와 부활의 주님을 인격적으로 만나는 감격의 체험이 있어야 합니다. 그리고 그 감격이 식지 않도록 우리의 몸부림치는 노력이 있어야 합니다.

주님을 갈망하는 사람들은 교회 안에 들어오기만 해도 눈물이 흐릅니다. 제가 군대에 입대했을 때, 훈련소에서 교회에 들어가서 눈을 감고 기도하는데 눈물이 얼마나 나던지요. 목사님이 설교를 잘하고 못하고는 문제가 안 됩니다. 내 심령의 상태가 중요합니다. 눈물이 은혜입니다. 어떤 목사님은 신학교에 입학해 다음 수업을 듣기 위해 강의실을 옮기는데, 동료 학생의 발뒤꿈치를 보면서도 눈물이 났다고 합니다. 나 같은 것을 불러 주셔서 주의 종 삼으셔서 신학교에서 공부하게 하신 것이 너무 감사해서, 누가 설교하러 오라고 하지도 않고, 봉사할 교회가 없어도 그저 감사해서 감격의 눈물을 흘렸다고 합니다. '주 예수를 믿으라!' 믿으면 구원받습니다. 죄와 사망에서 구원을 받습니다.

예수를 믿는다는 것은?

예수를 믿는다는 것은 무엇입니까? 예수를 믿는다는 것은 역사적 예수(실존적으로 존재했던 예수)를 아는 지식이 아닙니다.

1) 예수를 믿는다는 것은 실존적으로 주님의 다스림을 받는 것입니다.

삶 전체에서 주님의 다스림을 받습니다. 예수를 믿으면 내 영혼에 샬롬(평안)이 임합니다. 기쁨이 임하고, 감사 찬양이 넘칩니다. 환경을 초월한 평안, 감사, 기쁨이 넘칩니다. 깊은 감옥에서, 캄캄한 곳에서 등에는 피가 흐르고 온몸에 멍이 들어 욱신거리는데 무슨 찬양인가? 그런데 찬양이 내면에서 흘러나옵니다. 감사가 뿜어나옵니다. "평화 평화로다 하늘 위에서 내려오네 그 사랑의 물결이 영원토록 내 영혼을 덮으소서."

세상에서 제일 무서운 사람은? 예수 믿는 사람입니다. 제일 강한 사람은 죽음을 각오한 사람입니다. 깡패 세계에서 무서운 사람은 깡다구 센 사람입니다. 죽음을 겁내지 않는 자입니다. 예수 믿는 사람은 죽음을 뛰어넘은 사람들입니다. 바울은 죽음을 두려워하지 않았습니다.

바울이 찬양할 때에, 홀연히, 갑자기 지진이 일어납니다. 기적이 일어납니다. 감옥문이 열립니다. 상황이 역전됩니다. 간수가 죄수 앞에, 깔보던 자에게 무릎을 꿇고, 심지어 엎드려서 구원을 묻습니다. "어떻게 하여야 구원을 얻겠습니까?" "주 예수를 믿으라! 그리하면 너와 네 집이 구원을 얻으리라!"

당신도 예수님을 주님으로 인정하고, 그분의 온전한 다스림을 받으면 상황을 초월하여 감사, 찬양하는 자가 된다는 것입니다.

*** 현재도 이런 일이 가능할까요? 에티오피아의 믿음의 한 형제가 복음을 전하다가 감옥에 갇혔습니다. 그런데 감옥에서도 복음을 전했습니다. 그러자 얼마 후에 "네가 감옥을 신학교로 만드는구나. 어서 나가라!" 해서 감옥에서 나왔습니다. 그가 나와서 한 일은 전도였습니다. 그가 목을 치려는 반군을 향하여 말합니다. "주여 저들의 죄를 용서해 주소서!" 반군들이 말합니다. "돌았구나! 내보내라!" 하나님은 10년 후에 그 형제를 미국에 유학의 기회를 주시고, 시카고의 트리니티 신학교에서 지도자 공부를 할 수 있게 하셨습니다.

성도 여러분! 세상이 우리 그리스도인을 깔보지 못하게 행동하십시오. 교회 안에서 서로 반목하고 싸우고, 사회 법정에 감히 교회 문제를 재판에 맡기고 있습니까? 마귀가 웃습니다. 세상 방식대로 "돈 써서 어떻게 나갈 수 없나요?"라고 생각하지 마십시오. 이전에 하나님의 방식으로 능력을 보이십시오! 먼저 기도하십시오. 예수님을 믿는다는 것은 내 삶 전체에서(관념이나 추상이 아니라 실존적으로) 주님의 온전한 다스림을 받는 것입니다. 그분이 주시는 평화, 감사, 찬양, 기쁨을 충만히 누리시기 바랍니다. 그때 세상을 부러워하는 것이 아니라 세상이 우리를 부러워하게 되는 것입니다.

환경을 뛰어넘어 기도하고 찬양합시다. 살아 계신 하나님을 경험하게 될 것입니다. 아멘!

2) 예수를 믿는다는 것은 하나님 자녀의 권세를 갖는 것입니다.

> "영접하는 자 곧 그 이름을 믿는 자들에게는 하나님의 자녀가 되는 권세를 주셨으니"(요 1:12).

바울은 로마 시민권자였습니다. 뒤늦게 바울이 로마 시민이라는 것을 알고 정치적인 문제가 될까 봐 높은 사람들이 와서 사과하고 용서를 빌었습니다(행 16:37-39). 바울에게 로마 시민권은 아무것도 아니었습니다.

바울은 우리가 하늘 시민권자임을 강조합니다. 우리도 예수 믿는 자는 하늘 시민입니다. 더 귀한 것은, 하나님의 자녀로서 특권을 가지게 된 것입니다. 요한복음 1장 12절을 암송하십시오. 내 존재 가치를 깨달으십시오! 바울의 존재 가치를 사람들은 몰라도 귀신은 알아보았습니다.

"이 사람들은 지극히 높은 하나님의 종으로서 구원의 길을 너희에게 전하는 자라"(행 16:17).

*** 故 김의환 목사님이 학생 시절에 귀신의 존재를 의심하던 친구에게 예수를 전했습니다. 친구가 말했습니다. "점쟁이가 너를 알아보면 나도 교회 간다." 점쟁이가 말합니다. "너는 예수 믿는 자인가? 점이 안 된다"고 했습니다. 성도 여러분, 귀신이 알아보게 하십시오.

귀신이 바울을 알아보았습니다. 알아보는지 확인하려고 점 보러 가지 마시고, 점 보는 삶에서 돌아서십시오! 바울을 통해 전도받고 그리스도인 된 사람들이 은 오만 냥어치의, 우상을 숭배하고 마술하던 더러운 책들을 불태웠습니다.

"그런즉 누구든지 그리스도 안에 있으면 새로운 피조물이라"(고후 5:17)라고 했습니다. 세상이 감당치 못하는 사람들이 하나님의 자녀들입니다. 우리가 '감사, 감사, 감사' 하면 감사할 일이 더 많아지는 것입니다. 바울은 외칩니다. "항상 기뻐하라. 쉬지 말고 기도하라. 범사에 감사하라. 세상에 기죽지 말라." 세상을 압도하면서 삽시다. 하나님의 자녀 됨의 특권을 누리시기 바랍니다.

독수리는 부화되는 순간부터 참새 천 마리가 달려들어도 겁나는 것이 없습니다. 닭이 만 마리 달려들어도 겁날 것이 없습니다. 독수리는 하늘의 왕자입니다. 독수리가 닭들 사이에 섞여서 구박받으며 지낸다면 바보입니다. 내가 독수리라는 자기 정체성을 깨닫는 순간 놀라운 능력이 생깁니다. 나는 왜 다를까가 아니라. 독수리는 천 마리의 참새가 달려들어도 이길 수 있는 야성이 있습니다. 우리는 하늘의 왕자입니다. 하늘의 왕자답게 사십시오. 닭과 참새를 부러워하는 우를 범하지 마시기 바랍니다. "나는 하늘의 사람이다", **"하나님의 자녀다"라는 정체성을 가지시기 바랍니다.**

인생 문제의 해답은? 예수 그리스도입니다

바울은 귀신 들린 불쌍한 여종을 치료해 주었습니다. 인생의 목적을 알지 못하고 그냥 살아가는 간수와 가족들에게 복음을 전함으로 그들이 하나님 안에서 기쁨을 경험하도록 도와주었습니다. 자신은 감옥에서 하나님께 기도하고 찬송하였습니다. 감옥에 같이 갇혀 있지만 다른 죄수들과는 차원이 다릅니다.

바울은 인생의 문제를 해결할 방법을 가지고 있었습니다. 예수 그리스도를 통하여 영광의 삶을 사는 것입니다. '교회'라는 단어가 공관복음에서는 마태복음에만 딱 두 번 나옵니다. 마태복음 16장 18-19절과 18장 19-20절에 나옵니다. 하나님은 교회에 음부의 권세(지옥의 권세)를 깨뜨리는 권세를 주셨습니다.

그리고 교회에 천국 열쇠를 주셨습니다(마 16:19). "너희가 땅에서 매면 하늘에서 매이고, 땅에서 풀면 하늘에서도 풀리리라"고 하셨습니다. "두세 사람이 내 이름으로 모인 곳에는 나도 그들 중에 있느니라"(마 18:20)고 말씀하셨습니다. 교회는 두세 명만 모여도 교회입니다.

그러면 천국의 열쇠는 무엇일까요?

"두 사람이 땅에서 합심하여 무엇이든지 구하면 하늘에 계신 내 아버지께서 그들을 위하여 이루게 하시리라"(마 18:19).

마태복음 18장 19절 말씀에 의하면, 교회의 합심기도가 천국 열쇠라는 것입니다.

*** **중국인 자매, 리지에**는 내몽고의 티벳 선교사로 섬기고 있습니다. 그녀는 북경에서 대학을 졸업한 후 로켓을 만드는 기술자로 있었습니다. 1994년도에 380V 전기에 감전사고를 당했는데, 기적적으로 살았습니다. 그래서 "나 자신을 하나님께 드리겠습니다. 교회를 개척하겠습니다" 하고 교회를 목양했습니다. 한 15세 소년이 간질병으로 걷지를 못했습니다. 기도 사역 후에 귀신이 떠났고, 치유되었습니다. 그 후에 그녀는 선교사로 헌신했고, 소수민족에게 가서 복음을 전하고 있습니다.

때로는 우리가 힘든 역경을 겪습니다. 그러나 기도하고 감사, 찬양하면 하나님의 도우시는 힘으로 힘든 과정을 돌파해 나갈 수 있습니다. 그리고 주님은 우리 모든 문제의 해결자이십니다. 그 역경을 통하여 더 깊이 하나님을 경험합니다. 그리고 우리는 다른 사람을 도울 수 있습니다. 축복의 통로로 사는 것입니다.

은혜의 마지막 관문은 무엇일까요? 다시는 나를 위해 사는 것이 아니라 주님을 위해 사는 것입니다.

"내가 그리스도와 함께 십자가에 못 박혔나니
그런즉 이제는 내가 사는 것이 아니요
오직 내 안에 그리스도께서 사시는 것이라
이제 내가 육체 가운데 사는 것은
나를 사랑하사 나를 위하여 자기 자신을 버리신
하나님의 아들을 믿는 믿음 안에서 사는 것이라"(갈 2:20).

예수를 믿는다는 것은 예수 믿은 후에 평화의 통로, 구원의 통로, 축복의 통로가 되는 것입니다.

결론 | 주 예수를 믿는다는 것은 무엇입니까? 죄와 사망에서 구원받는 것입니다. 삶 속에서 실제로 주님의 다스림을 받는 것과 하나님의 자녀 된 권세를 갖는 것입니다. 우리 모두 예수님이 모든 문제의 해결자 되심을 깨닫고 믿음 안에서 주님과 동행하길 축복합니다.

기도 | 하나님, 저희를 그리스도의 다스림을 받는 사람, 성령의 사람이 되게 하시고, 사람을 살리는 손이 되게 하시고, 죽어도 주를 위해 사는 사람, 주를 사랑하는 뜨거운 열정의 사람이 되게 해 주세요. 복음으로 뜨거워지게 하시고, 자녀의 특권을 누리고 살게 하소서. 예수 그리스도의 이름으로 기도합니다. 아멘!

02

아텐에서 바울

행 17:22-31

2차 선교여행을 떠났던 바울과 실라는(행 15:40) 성령의 인도로 마게도냐 반도로 향했고, 빌립보에서 교회를 개척하고,(데살로니가와 베뢰아 지역을 지나서) 드디어 그리스의 아테네에 입성합니다. 세계 역사 속에서 당시에 예수님과 바울은 어떤 위치였을까요? 바울의 목표는 가이사 앞에 서는 것이었는데, 가이사를 멋지게 꺾었으면 좋았을 텐데 그런 기록이 없고, 세상 역사책에는 바울의 기독교 사상이 미미하게 보이기까지 합니다.

신약성경의 문화 역사적 배경은 그리스-로마입니다. 로마는 정치적으로 세상을 점령했지만, 문화적으로는 헬라세계, 곧 그리스의 철학과 문화를 답습했습니다. 그래서 우리는 그 문화를 그레코-로만 문화라고 부릅니다. 당시 존재했던 문헌에는 예수님의 기록도 바울에 대한 기록도 미미합니다. 팔레스타인 지역의 유대 땅은 세상을 주름잡던 당시의 주된 역사 무대와는 거리가 먼 한적한 곳이었습니다.

성경은 바울이 당시 최고의 문화 도시였던 아테네에서 철학자들과 변론을 벌였다고 말씀해줍니다(행 17장). 그리고 그때 당시 최고의 사상이었던 에피쿠로스 학파와 스토아 학파를 소개합니다. **에피쿠로스 학파**는 인생의 최고 목적은 쾌락과 행복 추구라고 주장했습니다. 무신론 사상입니다.

스토아 학파는 "인생이 순수한 이성의 상태에 있을 때 행복 상태"라고 합니다. 육체의 욕심을 버릴 때 행복하다고 주장했습니다. 아리스토텔레스 이후 그리스-로마 사상으로 범신론 관점에서 최고선은 금욕과 마음의 평정이라고 주장했습니다. 마치 지금의 미국에서 실용주의와 포스트모던주의처럼 유행하는 사상입니다.

당시 철학 사상의 한 부류는 무신론, 또 한 부류는 범신론 사상으로 요약됩니다. 세상 역사 속에 "바울이라는 사람이 아테네에 와서 세상 철학자들을 개종시키고, 새로운 기독교 학파를 만들었다" 이런 기록이 있으면 좋으련만 그런 기록을 찾기가 어렵습니다.

오늘날 사상 흐름과 같다고 할 수 있습니다. 교회에서 배우는 것은 세상의 문화 조류 가운데 한 귀퉁이같이 느껴집니다. 그래서 우리의 삶에 혼동이 옵니다. 교회에서 배우는 것은 교회 안에서만 통하는 역사이고, 교회 밖에 나가서는 세상의 가르침과 원리를 따라 살아야 한다는 생각을 갖게 됩니다. 정말 우리는 이원론적으로 세상과 교회를 분리하여 사는 것이 지혜로운 삶일까요?

성경은 당시 주류사회의 풍습과 사상을 무시하지도, 비중을 많이 두지도 않습니다. 성경은 당시 사회를 무시하지 않습니다. 동시에 그 사회에 종속되지도 않습니다. 성경은 하나님의 역사를 주체적으로 밝혀주고 있습니다. 세계 복음화를 위해 여행 중인 바울은 아덴에서 어떻게 반응했을까요?

1) 우상을 보고 거룩한 분노를 느꼈습니다(16절).

"그 성에 우상이 가득한 것을 보고 격분하여." 당시 아덴에는 2만 5천 종류 이상의 우상이 있었습니다.[21] 아덴의 우상을 보면서 바울은 마음에 거룩한 분개심을 가졌습니다. 여러분은 영적으로 타락하여 쾌락과 우상과 죄를 좇는 도시들을 보면서 거룩한 분노를 느끼십니까? 바울은 죄에 대하여, 우상에 대하여, 사탄에 대하여 분노심을 가졌습니다. 바울은 살아 계신 하나님을 바로 예배하지 못하고, 손으로 우상을 만들어 놓고, 그 우상들을 통하여 위안받으려는 것을 보면서 분개했습니다. 사람들의 영적인 눈을 흐리게 하여 복음을 훼방하는 사탄에게 분노를 느꼈습니다.

보이지 않는 우상 숭배는 더 심각합니다. 종교 다원주의자들은 너의 종교도 맞고, 다른 종교도 진리라고 합니다. 너무 편협하게 기독교만 주장하지 말라고 합니다. 이러한 사상은 포스트모던 사상의 영향입니다. 근대 이후 사상의 특징 중 하나는 상대적 진리를 외칩니다. 절대 진리는 없고, 시대와 환경에 따라서 진리는 변할 수 있다는 것입니다. 그러니 불교도 진리고, 힌두교도 진리고, 기독교도 진리이므로 다른 종교에 대해서는 배타적일 필요가 없다는 것입니다. 서로를 진리로 인정해 주자는 것입니다.

이 시대 사조가 절대 진리의 가치를 흔들어 버렸습니다. 현대의

---

21) 올림포스 12신은 제우스, 헤라, 포세이돈, 데메테르, 아레스, 헤르메스, 헤파이스토스, 아프로디테, 아테나, 아폴론, 아르테미스, 헤스티아이다.

사상은 그리스도인들의 바른 신앙생활을 극성스런 열광주의자로 몰아가곤 합니다.

2) 바울은 광장에서 참 하나님을 소개합니다.

지성인도 하나님을 찾고자 합니다.

> "아덴 사람들아 너희를 보니 범사에 종교심이 많도다 내가 두루 다니며 너희가 위하는 것들을 보다가 알지 못하는 신에게라고 새긴 단도 보았으니 그런즉 너희가 알지 못하고 위하는 그것을 내가 너희에게 알게 하리라"(행 17:22-23).

"많은 우상 중에 '알지 못하는 신에게' 제사를 드리던데, 내가 그 신을 소개하려고 왔다"(23절)라고 합니다. 바울은 접촉점을 찾아서 전도했습니다.

인간에게는 종교적 본능이 있습니다. 그것은 하나님이 심어 놓으신 것입니다(롬 1:19-20). 원시 종교부터 수많은 종교가 있습니다. 인간은 과학의 기술과 지식이 생기면서 '신은 없다, 필요없다, 죽었다'고 외치고 있지만 그것은 바로 인간의 비극입니다.

우리는 과학의 한계를 알고 참 하나님에게로 돌아가야 합니다. 하늘도, 별들도, 태양계와 지구도, 공전과 자전도, 모든 생물도 과학적이라고 합니다. 과학적인 우주를 과학이 창조했나요? 아닙니다. 과학은 단지 과학적인 우주를 겨우 조금 발견한 것뿐입니다.

코페르니쿠스가 "지구가 태양을 돈다"는 것을 발견하기 전에 이미 하나님은 지구를 돌리고 계셨습니다. 뉴턴이 사과가 땅에 떨어지는 것을 보고 만유인력을 발견하기 전에 하나님은 이미 과학적으로 세상을 창조하셨습니다.

3) 하나님은 만유를 지으신 창조주입니다 - 하늘과 땅의 주인입니다 (24절).

이 세상 모든 만물이 하나님의 작품이므로, 만인들에게 필요한 생명과 필요한 것을 공급해주시는 분입니다(25절). 그런 하나님이 사람 손으로 만든 건물(신전)에 갇혀 계시는 분이 아닙니다. 그리스의 신들은 인간보다 조금 나은 존재들입니다. 시기하고, 미워하고, 질투하고, 사랑하고, 자식을 낳아 키우는 인간적인 신입니다. 바울은 하나님이 인간보다 조금 나은 차원의 신이 아니라 '창조주'라고 소개합니다.

하나님은 예배당에 갇혀 있고, 일주일에 한 번 만나는 존재가 아닙니다. 하나님은 실재적이십니다. 창조주 하나님은 어느 곳에서나 계시고, 전능하신 분입니다. 하나님은 돈이 없어서 우리의 예물을 받으시는 분이 아닙니다. 그분은 우리의 마음을 받길 원하십니다. 오히려 하나님은 우리에게 필요한 것들을 주시는 분입니다. 여러분의 생명, 소유한 집, 자녀, 직장, 환경 모두 하나님이 주신 것입니다. 앞으로 더 좋은 것도 주시는 분입니다.

(1) 한 혈통으로 창조하셨습니다(26절).

지금은 수많은 민족이 생겼지만 인류는 아담과 하와로부터 나왔습니다. 에덴 동산에서 한 혈통, 한 문화, 한 언어를 가지고 있었습니다. 그러나 죄가 들어옴으로 에덴에서 쫓겨났고, 많은 족속과 혈통이 생겨나게 되었습니다.

성경은 과학책이 아닙니다. 성경은 역사책이 아닙니다. 그러나 성경은 과학적이고 성경은 역사적입니다. 성경은 창조를 설명하는 과학책이 아닙니다. 성경은 과학적이면서도 초과학적입니다. 성경은 구원의 복음을 설명하는 하나님의 계시입니다. 그러므로 모세오경은 3천 년 전에 쓰인 말씀으로 일일이 계시하지 않습니다. 그러다 보니 성경을 읽다가 보면 우리가 잘 이해하지 못하는 내용들도 나옵니다. 예를 들어, '아벨을 죽인 가인은 왜 다른 사람들을 두려워했는가?', '아담과 가인 당시에 다른 종족이 살고 있었나?' 하는 질문들입니다.

창조과학회의 설명에 의하면, 성경에는 아담의 아들로 가인과 아벨과 셋만 기록합니다만, 가인과 셋 사이에는 100년 정도의 나이 차이가 있습니다. 성경 창세기 5장 3-5절에 의하면, 그 사이에 많은 자식(아들과 딸들)을 낳았음을 알 수 있고, 셋을 낳은 후에도 많은 자식을 생육하고 번성했음을 알 수 있습니다.[22] 셋이 강조된 것은 셋이 아벨 대신 얻은 아들이고, 예수님이 셋의 후손으로 나시기 때문입니다.

(2) 온 땅에 거하게 하셨습니다(26절).

하나님은 인류에게 땅을 주셨습니다. 하나님의 복을 누리고, 하나님과 교제하며 살도록 하셨습니다. **"생육하고 번성하여 땅에 충만하라"**(창 1:28)고 하셨습니다. 죄가 들어온 후에 복된 땅은 저주의 땅이

22) "After Seth was born, Adam lived 800 years and had other son and daughters"(창 5:4, NIV).

되었습니다. 열매 대신에 엉겅퀴와 가시가 자랍니다. 열심히 일을 해야 먹고 살 수 있습니다. 오늘날에는 환경오염의 문제가 생겼습니다. 생육하는 과정에서 처음에는 가족끼리도 결혼을 했습니다. 나중에 모세 때에 이르러 하나님은 근친결혼 같은, 가족끼리는 결혼을 금하셨습니다.

⑶ 연대를 정하시고 거주의 한계를 간섭하십니다(26절).

하나님은 역사에 섭리하신다는 것입니다. 우리 개인 역사에도 간섭하시는 하나님입니다. 그러므로 하나님은 멀리 계시는 분이 아닙니다. 바로 우리 가까이에서 역사하시는 분입니다(27절).

책 《월요일의 하나님》을 보면, 하나님은 주일날 교회에만 계시는 분이 아닙니다. 여러분 가정에도 계십니다. 여러분 직장에도 계십니다. 여러분의 자녀들이 공부하는 학교에도 계시는 분입니다. 여러분이 운전할 때도 함께해 주시는 분입니다. 예수님을 믿는다는 것은 실존적 다스림을 받는 것이라고 말씀드렸습니다.

그리스-로마 철학은 하나님을 초월자로 봅니다. 그러나 창조주 하나님은 거기 계신 하나님이 아니라 '여기 계신 하나님'입니다. 'there'가 아니라 'here'입니다. 하나님은 과거만 아니라 현재에 계시는 하나님입니다. 하나님은 추상적 관념이 아니라 인격적으로 나와 교제하시는 실재적인 분입니다.

하나님의 형상으로 창조된 인간만이 하나님을 발견하고 교제하는 특권이 있습니다. 그런데 죄 때문에 우리의 심령이 무뎌져서 하나님을 떠났고, 하나님을 잘 느끼지도 못하게 된 것입니다. 하나님을 느끼지 못한다면 내가 죄 때문에 내 심령이 무뎌졌다는 것을 알아야 합니다. "하나님, 내 죄를 회개합니다. 내 심령을 정결하게 하셔서 하나님을 더 잘 느끼게 해 주세요" 하고 기도하시기 바랍니다.

우리 인간은 80년, 100년 살면 다 죽게 되어 있습니다. 만약 생명이 나의 것이라면 우리는 영원히 살 수 있을 것입니다. 또 영원히 사는 삶을 목말라할 필요가 없습니다. 생명이 하나님으로부터 나왔고, 내 것이 아닙니다. '하나님을 믿느니 내 주먹을 믿으라'고 하는 사람은 너무 어리석은 사람입니다. 생명의 유한성, 인간의 나약함을 아직 모르기 때문입니다. 나이가 든 노인들이 지혜가 있다고 합니다. 인생의 나약함을 알기 때문입니다.

여러분, 태양의 존재를 거부하고 굴속에 살면서 '어디에 태양이 있단 말인가' 하는 어리석은 사람들이 있다면, 그 사람만 바보요, 손해입니다. 그가 믿든 안 믿든 태양은 있고, 그 혜택을 보지 못하면 모든 식물은 말라 죽고, 나병에 걸리게 될 것입니다.

인간은 하나님을 떠난 삶을 생각할 수 없습니다. 공산주의, 쾌락주의, 휴머니즘, 황금 만능주의 등은 하나님을 대신하여 다른 것을 우상으로 숭배하며 살아가는 것입니다.

4) 하나님을 믿을 증거? – '예수 그리스도의 부활'입니다.

"그를 죽은 자 가운데서 다시 살리신 것으로 모든 사람에게 믿을 만한 증거를 주셨음이니라"(31절).

창조주 하나님을 믿을 증거와 심판주 하나님을 믿을 증거를 하나님이 주셨습니다. 그것은 십자가에서 우리를 위해 죽으신 예수 그리스도를 다시 살리신 일입니다.

결론 | 바울은 세상 역사의 중심지 아덴에서 설교했습니다. 바울은 우상 숭배하는 것을 보고 거룩한 분노심을 가졌습니다. 그리고 그는 세상 철학과 사상을 가진 사람들에게 참 하나님을 소개해 주었습니다. 그런데 당시 세계사나 철학사에는 바울이 이들 그리스 철학을 압도한 것으로 기록하고 있지 않습니다. 바울의 삶이 당시 역사에 기록되지는 않았을지라도, 2000년이 지난 오늘날을 보십시오. 에피쿠로스나 스토아의 사상을 신봉하는 사람은 거의 없습니다. 그러나 바울이 전한 복음을 믿는 사람들은 수없이 많습니다.

바울이 전한 복음은 실제로 당시의 철학자들보다, 사상가들보다, 장군들보다도 더 영향을 끼치고 있습니다. 가난한 자, 병든 자, 절망한 사람에게 소망을 주고, 천국의 소망을 주고, 사랑의 용사들로 바뀌게 합니다. 세상 역사책에 내 이름을 남기는 것보다 더 중요한 것은, 생명책에 내 이름이 기록되는 영광입니다. 복음을 믿고 구원의 감격을 회복하는 삶을 사시길 축원합니다.

기도 | 사랑의 주님, 우리도 바울처럼 이 시대에 복음의 빛을 비추는 인생이 되게 하시고, 영적 영향력을 끼치는 그리스도인이 되게 하소서. 예수 그리스도의 이름으로 기도합니다. 아멘.

03

말씀에 반응한 아굴라와 브리스길라

행 18:1–3

제가 사는 몬트레이에 세계적으로 유명한 동시통역 대학원이 있습니다. 해마다 5월이면 MIIS 대학원 졸업식이 있습니다. 우리 교회에서 유○○ 자매가 졸업을 하고 떠나갔습니다. 유 자매가 떠나면서 카드 한 장을 주고 갔는데 그 글이 저에게 큰 위로가 되었습니다.

"2년 동안 사랑의교회에서 참 많은 은혜받으며 신앙생활했어요. 개인적으로 주님과의 만남이 절실했고, 또 목사님 말씀을 통해, 예배를 통해 주님과 인격적으로 교제할 수 있었습니다. 예배 때마다 함께하신 주님, 분명 사랑의교회 예배 가운데 계신 주님을 만나고 갑니다. 진심으로 두 분께 감사드려요. 두 분의 열정과 사랑에 용기를 내어 학업에 열중할 수 있었습니다.

몬트레이에서 2년이 제게는 매우 힘든 시간이었지만, 그만큼 느낀 바도 많고 성숙할 수 있었던 것 같아요. 물론 그 배경에는 두 분의 든든한 지지가 있었고요. 몸은 떠나도 마음은 항상 몬트레이 사랑의교회와 함께할게요. 두 분 건강하시고, 주 안에서 사랑합니다."

짧지만 진솔한 편지가 저희 부부에게 큰 위로가 되었습니다. 그리고 목회자로서의 보람도 느낍니다. 사실 우리는 별로 한 게 없거든요. 저는 많이 도와주지 못했지만, ○○ 자매가 많은 사랑을 받고 예배 가운데 주님을 만났다고 고백을 하는 것을 볼 때, 주님이 일하시는 것을 체험합니다. 그리고 은혜를 경험하는 것은 자기 자신이 얼마나 절실히 하나님을 찾는가의 문제임을 다시 한번 깨닫습니다.

미국에 올 때 공항에 누가 픽업을 나오는가가 그 사람의 인생에 지대한 영향을 끼친다고 합니다. 세탁소 하시는 분이 오면 세탁소, 모텔 하시는 분이 오면 모텔업, 학생이 오면 학업, 목사가 오면 신앙생활을 잘하게 됩니다. 그래서 저는 가능한 한 공항 픽업을 가려고 합니다. 저를 통해 영향을 받고 신앙생활을 잘하도록 돕는 것이 제 사명이기 때문입니다.

사도 바울이 아덴을 떠나서 이제 고린도라는 큰 도시에 도착했습니다. 그곳에서 하나님은 사람을 만나게 하셨습니다. 하나님이 예비하신 그 '샬롬의 사람' 평화의 사람은 빨리 복음을 받아들였고 또 전도사역에 큰 도움이 됩니다. 그들은 아굴라와 브리스길라 부부입니다.

이 부부는 바울을 만남으로 함께 일하고 말씀을 배움으로 영적으로 성장합니다. 그리고 바울은 전혀 모르는 지역인 고린도 교회를 개척하는 데 큰 힘을 보태는 동역자들을 만난 것입니다. 교회를 위해 희생적인 부부, 바울 곁에는 이런 분들의 희생과 수고가 있어 교회가 세워질 수 있었습니다. 그들은 고린도, 에베소 교회의 주축이 되는 교인이었습니다(행 18:3, 18:18).

하나님은 하나님의 사람이 전도를 하거나 교회를 개척할 때, 꼭 평화의 사람을 만나게 하십니다. 그 사람을 통해 도움받고, 전도가 되고, 교회가 성장하게 됩니다.

*** 2015년 어느 금요일에 중국 선교사님 내외분이 선교 보고를 하고 교제를 가졌습니다. 두 분이 중국 '절강성'(5천 5백만 인구)에 가라는 선교 본부의 명령을 받았을 때 '항저우'(천만 인구)라는 도시에 갔습니다. 그곳에서 선교사님 부부는 중국말도 못하고, 중국인과 영어도 한국어도 안 통할 때 한 사람을 만났습니다. 그는 사역자인데 자신이 갈 수 없게 됐으니 그 대신에 한 사람을 만나달라고 했습니다.

하나님이 예비하신 그 평화의 사람을 만났는데, 자기들 모임이 토요일 아침에 있으니 와서 말씀을 가르쳐달라고 했습니다. 그 모임의 사람들은 6-8시 두 시간 동안 말씀을 배우고 30분 식사 후 자전거를 타고 직장 출근을 합니다. 그래서 선교사님이 6시에 당도하니 그들이 한 방 가득이 모여서 기도하고 있었습니다. 언제부터 기도하고 있었느냐고 물으니 4시부터 기도했다고 합니다. 집에서 3시에 일어나서 3시 반에 자전거를 타고 4시까지 교회에 나온 것입니다.

그 중국인들은 진리에 대한 목마름이 있었습니다. 진리를 알고자 하는 갈망이 있으면, 성령께서 선교사와 형제 자매들이 서로 말이 안 통해도 어떻게든 깨닫게 도우시는 것을 경험했다고 합니다.

미국과 유럽은 이제 인본주의 사상으로 꽉 차 있습니다. 그래서 하나님을 무시하고 사람들은 교만합니다. 하나님 없이 살 수 있다고 큰소리치는 것이 교만입니다. 무엇이든지 다 있고, 특별히 필요한 것이 없으니 하나님을 향한 갈망도 없습니다.

부자들은 하나님을 갈망하지도 않습니다. 그래서 마음이 가난한 사람이 천국을 소유하게 되는 것입니다. 특히 이 미국 북가주와 몬트레이 지역이 그렇습니다. 하나님을 찾지 않습니다. 교만으로 가득 차 있습니다. 자신들은 잘났다고 하지만, 자신들이 영적 병자인지는 모릅니다.

그들은 자기에게 약이 필요한지를 모릅니다. 죄의 병으로 죽게 되었는데, 자기는 죄의 병에 걸렸다는 것을 알지 못하고 예수님을 찾지도 않습니다. 마치 심각한 죽을병에 걸린 환자가 아직 CT와 MRI 촬영을 하지 않고서, 병의 자각 증상도 없으니 스스로 나는 건강하고 괜찮다고 착각하는 불쌍한 환자들과 같습니다.

부흥은 숫자 놀음이 아니다

교회마다 부흥을 달라고 기도합니다. 그런데 막상 부흥이 무엇인지를 모릅니다. **부흥은 무엇입니까? 부흥은 숫자 놀음이 아닙니다.** 20명 모이다가 갑자기 50명, 100명, 200명 모이는 것이 부흥이 아닙니다. 서울에 1만 명 모이는 교회에 2만 명이 되고, 주변의 작은 교회

200-300개 교회가 문을 닫고 무너져 내리는 것은 부흥이 아닙니다. 교회에서 신앙생활은 하는데, '주여! 주여!' 하면서 경건의 모양만 있는 것이 부흥이 아닙니다. 종교적 행위만 흉내내는 것이 부흥이 아닙니다.

아무리 사람이 많이 모여도, 아무리 찬양을 잘하고 경건한 기도의 모습을 갖추어도, 각자 개인과 하나님과의 관계 회복이 없다면 그것은 부흥이 아닙니다.

그렇다면 부흥은 무엇입니까? 성경적 부흥은 하나님의 말씀이 부흥의 원천입니다. 하나님의 말씀에 순종하는 것이 부흥입니다. **진정한 부흥은 숫자적 성장이 아니라, 하나님의 말씀에 진정으로 반응하는 것입니다.**

영국의 요한 웨슬리가 설교할 때, 비가 오는데 놀랍게도 4시간 동안 지속적으로 설교했습니다. 더 놀라운 것은, 사람들이 말씀을 듣기 위해 비를 맞으면서 떠나지 않았다는 것입니다. 오늘날 영국에서는 축구장에 비가 오는데 비 맞으면서 축구를 구경하고 응원하지만, 교회는 비가 오지 않아도 텅 비어서 노인들만 예배드리는 교회가 대부분입니다.

느헤미야 8장을 보면, 수문앞 광장에서 학사 에스라가 하나님 말씀을 새벽부터 정오까지 낭독할 때 다 일어나 서서 들었습니다. 하나님 말씀에 반응하여 "아멘! 아멘!"(느 8:6) 하고 응답했습니다. 성령의 도움으로 말씀이 깨달아지니까 "백성이 율법의 말씀을 듣고 다 우는지라"(느 8:9)고 하였습니다. "내가 범죄하였나이다. 나는 선한 줄 알았는데 내가 죄인입니다"라고 마음으로 통회하였습니다. 하나님과의 관계가 회복되면 기쁨이 회복됩니다.

"근심하지 말라 여호와로 인하여 기뻐하는 것이 너희의 힘이니라"(느 8:10).

회개 이후에 기쁨이 회복된다는 것입니다. 말씀에 반응하여 기쁨을 회복하시기 바랍니다. 아멘!

기독교 역사 속에서 하나님이 크게 쓰셨던 성회들이 있었습니다. 그중에서도 미스바 성회는 사사 시대 말기 큰 위기 가운데 있던 이스라엘을 구원한 역사적 대사건이었습니다. **부흥은 하나님 말씀에 반응하는 것입니다.**

사무엘 선지자 이전에, 이스라엘의 엘리는 게으르고 영성이 없는 제사장이었습니다. 그의 두 아들 홉니와 비느하스는 하나님께 드릴 제물을 훔쳐 먹고, 성전에서 일하는 여인들과 정욕의 죄를 범하는 자들이었습니다. 그 시대는 위로부터 아래까지 참으로 음란과 탐욕의 시대였습니다.

하나님은 이처럼 죄악된 이스라엘을 블레셋의 손에 넘기셨습니다. 사무엘상 4장을 보면, 블레셋 군대가 쳐들어와서 이스라엘 군사 4천 명을 죽였습니다. 그러나 하나님은 침묵하셨고, 결국 이스라엘 보병 3만 명이 죽고 언약궤도 빼앗겼습니다. 엘리의 두 아들 홉니와 비느하스는 전쟁터에서 죽었습니다.

그 소식을 들은 아버지 엘리 제사장도 의자에서 넘어져 목이 부러져 죽었습니다. 엘리의 며느리는 자식을 낳다가 죽어갔습니다. 죽어가면서 그 아이의 이름을 '이가봇'이라고 붙였습니다. 이가봇은 '여호와의 영광이 떠났다'는 뜻입니다. 하나님은 영적으로 도덕적으로 심히 부패한 그 시대를 내버려 두셨습니다. 하나님의 영광이 떠나자 이스라엘은 완전히 초토화되어 버렸습니다.

오늘날의 교회들이 세상 문화를 부러워하고, 타락하여 숫자 놀음이나 하고, 세상과 교회의 도덕성이 차이가 나지 않는 상황에 이르렀습니다.[23] 말씀에 순종하지 않으므로 하나님의 영광이 떠난 교회들이 많습니다.

진정한 부흥은 하나님 말씀에 반응하는 것입니다. 요즘은 신사도 운동으로 사람들이 모이고 부흥이라고 야단입니다. 기도하고 금이빨이 생기고, 넘어지는 현상도 일어난다고 합니다. TV에서 보니 "성령을 받으라" 하면 50명, 100명이 한꺼번에 넘어지기도 합니다. 다 지나가는 것입니다. 그런 것을 부흥이라고 말하는 사람도 있지만, 진정한 부흥은 하나님 말씀 앞에 반응하는 것입니다. 거기에 진정한 영적 승리가 있습니다.

1) 말씀에 반응한 사람들

아굴라와 브리스길라 부부는 바울이 전한 하나님의 말씀에 반응하였습니다(행 18:1-4). 고린도에서 바울을 만난 아굴라와 브리스길라는 바울을 도와 유대인과 헬라인을 전도하였습니다. 회당장 그리스보와 온 집이 하나님 말씀에 반응하였습니다(행 18:8). 온 가족이 믿고 세례를 받았습니다.

23) 예를 들면, 이혼이나 혼전 순결을 말하지 않습니다.

2) 말씀을 대적하는 사람들

고린도의 유대인들은 바울을 대적하여 비방했습니다(행 18:5). 주께서 밤에 바울에게 환상 가운데 말씀하셨습니다.

> "두려워하지 말며 침묵하지 말고 말하라…이 성중에 내 백성이 많음이라"(행 18:9-10).

바울처럼 우리도 주님이 비전을 주시면 두려워하지 말고 주님이 예비한 영혼들에게 말씀을 선포해야 할 것입니다.

결론 | 하나님 말씀에 반응한 아굴라와 브리스길라 같은 성도님들이 되십시오. 우리는 중국의 성도들처럼, 예배 가운데 진리에 목말라하고 배고파하는 갈망을 가져야 합니다. 하나님 말씀에 대해 영적 갈망을 가져야 합니다. 성령의 도우심으로 말씀을 통하여 진정한 회개와 기쁨을 경험할 수 있길 바랍니다. 하나님 말씀에 반응이 있는 영적 부흥을 경험하시길 축원합니다.

기도 | 하나님, 우리 교회에 말씀에 반응하는 부흥이 있게 하소서. 내가 아굴라와 브리스길라 같은 평화의 사람이 되게 하소서. 예수님 이름으로 기도드립니다. 아멘.

04

침묵하지 말고 말하라(고린도 사역)

행 18:5–11

바울의 선교 여정에는 영광받기보다는 고난과 핍박이 기다렸습니다. 바울은 선교를 하다가 강한 핍박이 일어나면 팀 사역자들(디모데, 디도)에게 뒷일을 맡기고, 또 다른 도시로 가서 복음을 증거하곤 했습니다. 바울은 보통 한 도시에 그렇게 오래 머물지 않았습니다.

그런데 핍박이 있었음에도 바울은 고린도를 떠나지 않고 1년 6개월 동안 목회를 하면서 열매를 거두었습니다. 왜 그랬을까요? 환상 중에 주님의 명령이 있었습니다. 이 도시를 떠나지 말라고 하십니다. '내가 너와 함께 있겠다'고 약속해 주십니다. 이 도시를 떠나지 말고 점령하라고 하셨습니다.

고린도는 어떤 도시인가?

고린도는 당시 그리스에서 가장 큰 도시였습니다. 고린도 인구는 일반 시민 30만과 노예 46만을 포함 76만에 육박했습니다. 아덴이 우상의 도시라면, **고린도는 음란의 도시**입니다. 한마디로 쾌락의 도시, 우상의 도시입니다. 상업과 쾌락의 도시였던 고린도는 음란을 상징하였습니다. 오늘날 라스베이거스와 같다고 할 수 있습니다. 그래서 '고린도 사람' 하면 '음란한 사람'(매춘부)이란 의미를 가집니다.[24)]

당시에 고린도에는 사랑의 여신 아프로디테 신전이 있었는데, 1,000여 명의 종교적 창녀들이 있었습니다. 그 외에도 태양신 아폴로 신전, 치유의 신 아스클레피오스 신전 등이 있었습니다. 이곳에서도 종교의식의 일환으로, 신전에서와 야외에서 성행위가 자행되었습니다. 당시 로마 제국의 허영심의 박람회장이었습니다.

우리 주님께서는 바울에게 이렇게 영적으로 타락한 도시를 '복음으로 점령하라'는 특별계시를 주셨습니다. 우리도 우리가 살고 있는 도시를 영적으로 점령해야 합니다. 우리에게도 이 시대 속에서 도시를 **복음으로 점령하라는 사명**을 주신 줄로 믿습니다.

성경 본문을 통하여 복음으로 도시를 점령하기 위해서는 어떻게 해야 하는가를 깨닫기 원합니다.

1) 위로자 예수님을 만나십시오(사명 확인)(행 18:9)

환상 가운데 바울을 만나주신 주님이 오늘 우리도 만나주시길

24) 고린도 사람의 어원인 korindiazomai는 '음란한 행위를 하다'라는 말입니다.

기대합시다. 이때 바울은 **생의 위기 가운데** 있었습니다. 언제 동족들에게 맞아 죽을지, 이방인들에게 죽을지 모르는 위험 가운데 있었습니다. 아마도 바울 자신의 마음이 많이 약해져 있을 시기였습니다. 이때 주님이 오셔서 위로해 주신 것입니다. 우리 주님은 내 지식으로 안 되고, 내 경험으로 안 되고, 내 능력으로 안 되고, 절망감과 무력감에 빠질 때 저와 여러분을 위로해 주십니다.

> *** 중보기도 사역자였던 故 최OO 권사님과 오랫동안 교제했습니다. 그녀는 젊은 시절에 안 믿는 남편에게 시집을 갔습니다. 당시 20세의 청년기에 교회를 열심히 다닌다고 남편이 식사를 하다가 놋그릇을 던졌습니다. 머리에 맞아서 10cm 정도가 찢어졌습니다. 일곱 바늘을 꿰매고, 지금도 그 자리가 아파서 문제를 일으키곤 하는데, 당시에 그녀는 정신을 잃고 말았습니다. 그때 주님의 음성을 들었습니다. 주님은 **"희생의 믿음이 너와 나와 상관이 있다"** 하시며 위로해 주셨습니다. 그때 당시에 그는 새벽기도를 빠지지 않고 열심히 다녔다고 합니다.

솔로몬은 왕이 되자 하나님께 일천번제를 드렸습니다. 솔로몬의 일천번제는 1,000번의 예배가 아니라 번제 헌물 1,000마리를 드렸다는 의미입니다(대상 29:21; 대하 1:5-6). 천 날 동안 드렸다고 오해할 것이 아니라 정성껏 예배를 드렸다고 이해해야 합니다. 정성껏 예배를 드려야 합니다. 그날 밤에 하나님은 솔로몬에게 나타나서 말씀하셨습니다(대하 1:7). 예배를 정성껏 드리시고, 주님의 음성 듣기를 갈망하십시오.

억울한 일을 당하셨나요? 기도하십시오. 남 모르는 고통이 있으신가요? 기도하십시오. 기도하시면 해결받습니다. 위로의 주님이 해결해 주십니다. '나는 억울하지도 않고, 고통도 없는데요?' 그렇다면 이미 은혜를 베푸신 그분께 감사 기도를 드리십시오. 천국은 침노하는 자들의 것입니다. 적극적으로 신앙생활을 합시다. 적극적인 그리스도인이 됩시다. 주님은 오늘도 말씀하십니다(행 18:9-10).

"세상에 겁먹지 말라. 내가 너와 함께하겠다."

2) 바울은 말씀에 붙잡혀 살았습니다(5절)

"…바울이 하나님의 말씀에 붙잡혀 유대인들에게 예수는 그리스도라 밝히 증언하니"(행 18:5).

우리는 무엇에 붙잡혀 살고 있습니까? 하나님 말씀에 붙잡혀 있나요? 돈에 붙잡혀 있나요? 성공에 붙잡혀 있나요? 세상의 삶에 붙잡혀 있나요?

바울은 하나님 말씀에 붙잡혀 살았습니다.

*** 로라 윌킨슨 이야기

16년 동안 중국의 강세가 이어져 온 다이빙 종목에서 미국의 대표 로라 윌킨슨은 2000년 시드니 올림픽, 다이빙 10미터 플랫폼에 섭니다. 예상대로 중국의 선수들이 다투는 결승전에서 모든 카메라가 중국 선수들을 다루기에 바쁜 그때, 한쪽에서 순서를 기다리고 있는 로라 윌킨슨은 미소를 잃지 않았습니다.

예선부터 준결승에 거쳐 결승에까지 5위에 머물고 있던 그녀는 올림픽 3개월 전에 오른쪽 발뼈 부상으로 7주간 병원에 누워만 있었는데 결승전 진출은 대단한 성과였습니다. 그래서인지 그녀는 미소를 잃지 않았습니다. 각자 다섯 번 다이빙을 하는 결선에서 윌킨슨은 1, 2차에서 역시 5위를 차지해 주목을 받지 못했습니다.

그러나 3차에서 윌킨슨은 난이도 2.7미터짜리 리버스다이빙을 수면에 거의 물보라 없이 완벽하게 소화해내며 최고 점수를 냈습니다. 윌킨슨은 이후 두 차례 더 1위에 오르며 우승을 차지, 세계 다이빙계를 경악시켰습니다. 4차 시기에 역전입니다. 그리고 마지막 5차 시기에 그녀는 또 1등을 합니다. 금메달이 확정되는 순간 수많은 취재진 앞에서 고백합니다. "그분이 하셨습니다."

그녀가 올림픽을 포기하려는 순간 주님은 빌립보서 4장 13절 말씀을 주셨습니다. "내게 능력 주시는 자 안에서 내가 모든 것을 할 수 있느니라." 이 말씀으로 격려해 주셨습니다. 이 말씀 붙들고 그녀는 포기하지 않았습니다.

하나님의 말씀을 붙드는 믿음의 사람을 통해서 미국은 36년 만에 올림픽 10미터 다이빙에서 금메달을 걸었습니다. 주치의와 코치는 출전 불가 판정을 내렸습니다. 그러나 그녀는 머릿속으로 매일 훈련을 게을리하지 않았습니다.

그리고 빌립보서 4장 13절 말씀을 되뇌었습니다. 그녀는 연습 중 오른쪽 발의 세 군데가 부러지는 부상을 당했습니다. 그러나 연습에

지장받을까 봐 올림픽 직후로 수술을 미뤘습니다. 그 당시 발등 쪽으로 뼈가 불쑥 튀어나와 걸을 수조차 없을 정도였습니다. 경기 당일에도 그는 플랫폼까지 카약용 신발을 신고 올라가 다이빙 직전에 벗고 다이빙을 했다고 합니다. 2005년 세계 선수권에서도 금메달을 차지했습니다. 말씀을 붙드는 사람에게 하나님은 기적을 베푸십니다.

*** "발자국"이란 어떤 시를 읽어보았습니다. 모래 위에 발자국이 네 발자국에서 두 발자국으로 줄었습니다. 인생이 힘들어 뒤를 돌아보니 두 사람 발자국이 한 사람 발자국이 되었습니다.

"주님, 나와 같이 걷다가 어디 가셨나요?"

"아니야, 네가 힘들어 쓰러졌을 때 내가 너를 업고 걸은 발자국이란다!"

"나의 등 뒤에서 나를 도우시는 주 나의 인생길에서 지치고 곤하여…."

"네 하나님 여호와가 너와 함께하느니라"(수 1:9).

"내가 세상 끝날까지 너희와 항상 함께 있으리라"(마 28:20).

"세상에서는 너희가 환난을 당하나 담대하라 내가 세상을 이기었노라"(요 16:33).

사랑하는 여러분, 간절히 기도하고 뜨겁게 전도하면 주님을 만납니다. 기도 가운데 하나님의 뜻을 깨닫습니다. 선교지에 가보면 주님의 뜻을 더 잘 깨닫게 됩니다. 우리의 상황이 힘들기에 우리가 실망치 않도록 주님이 도와주시는 것입니다. 위로해 주시는 것입니다. 위로의 주님을 만나시길 바랍니다.

3) 두려워 말며 침묵하지 말고 말하십시오(9절)

"두려워하지 말며 잠잠하지 말고 말하라." 주님이 함께해 주십니다. 우리는 순종만 하면 됩니다. 예수님의 어머니 마리아는 순종했습니다. 천사 가브리엘이 말합니다. "하나님의 모든 말씀은 능하지 못하심이 없느니라"(눅 1:37) 이에 마리아가 말합니다. "주의 여종이오니 말씀대로 내게 이루어지리이다"(눅 1:38). 모세도 순종했습니다. 이것이 겸손입니다. "내가 뭘!" 하고 거부하는 자기 주장이 교만입니다.

주님은 말씀하십니다. "잠잠하지 말고 말하라" 주변 이웃과 친구와 동료들에게 내가 만난 예수님을 소개하고, 우리 교회를 소개합시다. 예수 이름으로 축복을 선언하십시오. 그러면 환락가, 마약, 범죄 도시가 변화됩니다. 그 땅을 밟고 지날 때마다 축복해 주십시오. 기도해 주십시오! 자신을 위해 기도하십시오. 하나님의 사람들은 꿈이 커야 합니다. 믿음이 큰 사람이 크게 기도할 수 있습니다.

*** 저는 어린 시절에 "전 세계를 제게 주십시오!" 하며 지도 위에 손을 얹어 놓고 기도했습니다. 인도 선교사 윌리엄 캐리도 그렇게 기도했고 인도 선교의 위대한 업적을 남겼습니다. "하나님으로부터 위대한 결과를 기대하십시오. 하나님을 위하여 위대한 일을 시도하십시오"(Expect great things from God, Attempt great things for God).

4) 왜 증거해야 하는가?(10절)

"이 성중에 내 백성이 많음이라"(행 18:10).

"북한 땅에 내 백성이 많음이라."
"중국 15억 인구 중에 내 백성이 많음이라."
"공산당에 내 백성이 많음이라."
"이슬람권에 내 백성이 많음이라."
"이 도시에 내 백성이 많음이라."

주님은 "모든 족속을 제자 삼으라" 명령하십니다(마 28장). 주님은 선택된 백성이 전도자의 말을 통해 믿기를 원하십니다. 그러므로 우리는 적극적으로 전도해야 합니다. 왜냐고요? "이 성중에 하나님의 백성이 많음이라." "구원받을 사람이 많음이라! 이곳에 오는 하나님의 백성이 많음이라! 아멘!"

전도하는 것은 우리 책임이고, 믿고 안 믿고는 본인 책임이고, 하나님 책임입니다. 그러니 전도하십시오! 쓰임받는 교회가 됩시다. 전도하다가 실망할 필요 없습니다. 예수님이 위로하십니다. 내가 경험해야 내 신앙이 자랍니다. 야곱, 요셉, 모세를 보십시오. 그들 모두 직접 조상의 하나님과 만남을 가졌습니다.

복음전도를 위하여 내 직장, 더 좋은 환경까지도 포기할 수 있는 신앙 수준으로 성숙되길 바랍니다. 브리스길라와 아굴라가 그랬습니다. 그들의 직업은 Tent maker로서 천막 사업입니다. 그런데 실제 직업은 평신도 전도자입니다. 우리 그리스도인의 최우선 직업은 하나님을 섬기는 것입니다. 세상의 직업은 두 번째입니다. 하나님 일과 내 일에서 우선 순위는 무엇입니까?

그리스도인은 예수 잘 믿는 것이 우선 직업입니다. 브리스길라와 아굴라 부부는 1년 6개월 후에 고린도를 떠납니다. 그들은 바울과 함께 또 다른 전도지로 향합니다. 고린도에서 안디옥으로, 에베소로, 로마로 주님과 함께한 영혼을 복음으로 구원하기 위하여!

결론 | 하나님은 고상하고 우아하게 주일날 나 혼자만 드리는 편안한 예배를 원하시지 않습니다. 하나님은 여러분이 이 도시를 복음으로 점령하길 기대하고 계십니다. 침묵하지 말고 예수님을 알리시고 전도하는 삶을 사시길 축원합니다.

기도 | 우리 교회에 하나님 말씀에 반응하는 부흥이 있게 하소서. 내가 아굴라와 브리스길라 같은 평화의 사람이 되게 하소서. 바울을 위로하신 주님이 위로해 주옵소서. 그리고 침묵하지 않고 전도자의 삶을 살 수 있게 하소서. 예수님 이름으로 기도드립니다. 아멘.

05

바울이 전한 하나님 나라, 선포의 결과

행 19:8–20

바울이 고린도 사역을 마친 후, 19장에는 에베소에서 선교사역을 합니다. 바울이 에베소에서 2년 반 동안 목회하면서 외친 주제는 '하나님 나라'였습니다. 예수님도 공생애 기간 동안 '하나님 나라'(천국)를 외치셨고, 십자가 죽으심과 부활 후에 40일간 이 땅에 계셨습니다. 그때도 제자들에게 하나님 나라의 일을 말씀하셨습니다(행 1:3).

에베소는 어떤 도시인가?

당시 에베소는 아데미 신전을 중심으로 세워진 우상의 도시입니다. 한마디로 그 도시 사람들은 아데미 여신을 통해 우상을 만들고 팔면서 살거나, 아데미 신을 숭배하는 사람들이었습니다.

그 도시에 바울이 복음을 들고 들어갔습니다. 그리고 바울은 또 회당에 갑니다. 왜 갔나요? 복음을 증거하기 위하여 갔습니다. 바울이 전한 복음의 핵심은 예수 그리스도가 메시아요, 하나님의 나라가 이 땅에 임했다는 것입니다. 그런데 바울이 기대했던 유대인들은 언제나 바울에게 실망을 주었습니다.

9절 말씀을 보면, 이들은 마음이 굳어 순종치 않았습니다. '마음이 굳었다'는 것은 그들 자신이 '자기의 마음의 문을 걸어 잠궜다'는 의미입니다. 오늘날에도 마찬가지입니다. 우리가 마음을 닫아버리면 아무리 귀한 말씀도 은혜가 되지 않습니다. 그러니 그들은 하나님의 말씀을 순종치 않았습니다. 오히려 바울이 기대했던 유대인들은 바울을 비방했습니다. 그래서 바울은 결단적 행동을 합니다.

1) 먼저 회당을 떠납니다(9절) - "바울이 그들을 떠나"

바울은 말씀을 받지 않는 자들을 떠났습니다. 바울이 왜 떠났을까요? 바울은 지금 그들과 싸울 시간이 없었습니다. 교회는 진리의 문제가 아니고는 싸우면 안 됩니다. 수많은 교회가 싸우다가 복음 전할 에너지를 소진해 버립니다. 수많은 선교사님들과 사역자들이 서로 싸우고 사역을 견제하다가 복음 증거할 에너지를 소진해 버리고 있습니다. 너무나 안타까운 일입니다.

바울은 낙망하지 않고 새 일을 시작합니다. 하나님은 바울에게 미래를 주셨습니다. 과거를 붙들고 서로의 아픈 상처를 찌르고 있으면 치유가 되지 않습니다.

2) 제자들을 따로 세웁니다(9절) - "제자들을 따로 세우고"

예수님도 전략적으로 열두 명의 제자를 훈련시키셨습니다. 바울은 성령받은 제자 중심으로 새 일을 시작했습니다.

3) 날마다 말씀을 가르칩니다(9절) - "두란노 서원에서 날마다 강론하니라"

2년 동안 두란노 서원에서 말씀을 가르쳤습니다. 두란노는 당시 유명인의 이름으로, 헬라인의 철학 강당의 명칭입니다. 그곳에서 바울은 에베소 교회 성도들에게 말씀을 가르쳤습니다.

바울이 가르친 내용이 무엇일까요? 하나님 나라입니다. 하나님 나라가 선포되고 깨닫게 될 때, 그 결과가 어떻게 되었습니까?

"유대인이나 헬라인이나 다 주의 말씀을 듣더라"(10절).

"주의 말씀이 힘이 있어 흥왕하여 세력을 얻으니라"(20절).

하나님의 나라(천국)가 선포될 때 세 가지 면에서 놀라운 결과가 나타납니다. 무엇일까요?

(1) 말씀 부흥, (2) 치유의 역사, (3) 문화 개혁입니다.

⑴ 하나님 말씀이 왕성한 교회 – 진정한 부흥입니다.

"말씀이 힘이 있어 흥왕하여 세력을 얻으니라"(20절).

바울의 사역을 두 단어로 '개종'과 '양육'으로 표현할 수 있습니다. 하나님의 말씀에 힘이 있어, 우상 종교에서, 멸망의 길에서 생명의 길로 개종하는 사람들이 많이 생겼습니다. 그리고 이들은 하나님의 말씀을 2년 동안 두란노 서원에서 배웠습니다. 바울이 날마다 강론한 주제가 무엇입니까? 처음에는 예수 부활을 증거했고, 점차적으로 믿는 자들에게 하나님 나라(천국)를 가르쳤습니다.

예수를 믿는다면, 예수님이 나의 구원자이심과 나의 삶의 주인이심을 고백해야 합니다. 이것을 고백할 수 없다면 아직 예수님을 바로 믿는 것이 아닙니다. 그 주님이 하나님 나라, 천국의 통치권자입니다. 그분이 지금 나를 통치하신다는 것을 믿으십니까? 매일매일의 삶 가운데 예수님의 다스림을 경험한다면 천국을 경험하며 사는 것입니다.

주님의 교회는 천국의 모델하우스입니다. 우리 교회에서 주님의 통치를 느낄 수 있길 바랍니다. 천국을 경험하는 교회는, 교회의 주인은 목사도 아니요, 장로도 아니요, 오직 예수 그리스도라는 것을 고백하고 순종하는 교회입니다. 교회 공동체의 각 지체들이 "나의 인생의 주인은 예수님입니다. 나를 다스려 주시옵소서"라고 기도하는 삶을 살고 그들이 모여 있을 때, 우리 교회는 천국의 모델하우스가 될 줄 믿습니다.

천국을 경험하는 교회는 예배 가운데 천국을 경험합니다. 성도

간의 교제 가운데 예수님 사랑을 경험합니다. 서로가 자원 봉사자로 활동하는 가운데 천국을 경험하게 됩니다.

(2) 치유의 역사가 일어납니다(11–12절).

> "하나님이 바울의 손으로 놀라운 능력을 행하게 하시니 심지어 사람들이 바울의 몸에서 손수건이나 앞치마를 가져다가 병든 사람에게 얹으면 그 병이 떠나고 악귀도 나가더라"(행 19:11–12).

바울의 손수건이나 앞치마를 가져다가 병든 자에게 얹으면 그 병이 치료되었습니다(12절). 웬 앞치마? 바울이 부엌에서 일했나요? 바울은 천막 만드는 기술자였습니다. 그래서 연장을 넣는 주머니가 달린 작업치마를 입었습니다. 그만큼 바울에게는 하나님 나라의 파워가 있었습니다.

천국에는 맹인이 없습니다. 천국에는 앉은뱅이도 절름발이도 없습니다. 병이 없습니다. 암도, 에이즈도, 감기도, 당뇨도, 간경화도, 고혈압도 없습니다. 천국은 주님과 함께 영원히 건강하게, 영화로운 몸으로, 왕 노릇 하게 될 것입니다.

*** 간증 – 김요섭 목사님

김요섭 목사님은 중국의 나병환자들에게 사역을 하시는 분입니다. 거의 반 이상이 팔다리가 떨어져 나간 사람들입니다. 그들에게 소원이 무엇인가를 물으면 "큰 밥그릇에 밥을 담아 채소와 함께 실컷 먹어 보는 것"이라고 합니다. 천국 가면 실컷 먹습니다.

그들은 최대의 축복기도를 부탁합니다. 그러면 이렇게 기도합니다. "이 형제를 하루라도 빨리 천국에 가게 하소서!" 썩어질 세상 욕심은 아무리 가져봐야 헛됩니다. 그런데 어떤 분은 소원하기를 "두 발로 일어서 봤으면 좋겠습니다"라고 합니다. 발가락이 없으면 일어서질 못합니다. 기어다닙니다. 그들은 어떻게 할까요? 양말에 마른 짚풀을 채워서 일어설 수 있었습니다.

목사님이 한 성도에게 양말 하나만 주었는데 두 개를 가져갔습니다. 한 달 뒤에 "선생님! 내가 죄인입니다. 두 발짝만 걸어 봤으면 소원인데, 열 발짝을 걷고 싶어서…. 한 발로 걸으니 다른 발로도 걷고 싶어서 양말을 훔쳤습니다. 저는 죄를 지어서 천국에 못 가겠지요? 지옥 갈 것 같습니다." 그러자 선교사님은 "아닙니다" 하고 그때 다른 짝 양말도 주었습니다. "당신은 천국에 갈 수 있습니다." 그는 엉엉 울면서 "선생님 말씀 듣고 제가 거듭났습니다"라고 말합니다.

어떤 사람은 이렇듯 양말 한 짝을 생명과 같이 귀하게 여깁니다. 어떤 분은 두 손가락이 붙어 있는데, 한 손가락이 떨어졌습니다. "내가 다른 사람을 도왔는데, 그가 천국 갈 때까지만 내가 도울 수 있도록 손가락이 붙어 있기를 기도합니다." 이렇게 말합니다.

믿음과 사랑은 무엇일까요? 선교사님은 "상대방의 죄, 잘못과 고름까지 내가 빨아먹는 것이다"라고 말합니다. 예수님은 십자가에서 우리의 죄와 고름을 다 빨아먹고 죽으셨습니다.

복음서에는 예수님의 사역을 요약합니다. 마태는 마태복음 4장 23절에서 "예수께서 온 갈릴리에 두루 다니사 그들의 회당에서 가르치시며 천국 복음을 전파하시며 백성 중의 모든 병과 모든 약한 것을 고치시니"라고 하였고, 누가는 누가복음 8장 1절에서 "하나님의 나라를 선포하시며 그 복음을 전하실새"라고 하였습니다. 예수님은 귀신을 쫓아주시고 각양각색의 병을 고쳐 주셨습니다. 또 누가복음 9장 2절은 열두 제자를 "하나님의 나라를 전파하며 앓는 자를 고치게 하려고 내보내셨다"라고 기록하고 있습니다.

그렇습니다. 치유의 역사는 하나님 나라가 이 땅에 임한 증거입니다. 주님이 우리의 상처를 치료해 주시길 소원합니다.

⑶ 하나님 나라가 선포되고 우리 가운데 임하면 악한 문화가 소멸됩니다(19절).

> "또 마술을 행하던 많은 사람이 그 책을 모아 가지고 와서 모든 사람 앞에서 불사르니 그 책 값을 계산한즉 은 오만이나 되더라"(행 19:19).

하나님 나라가 선포되면 기독교 문화가 형성됩니다.

문화는 세 종류로 나눌 수 있습니다.

첫째, 기독교적 세계관이 바탕이 된 문화가 있습니다.

둘째, 반기독교적 문화가 있습니다.

셋째, 중립적인 문화가 있습니다.

문제는 반기독교적인 문화입니다. 복음 증거를 방해하는 문화적 요소들은 주로 우상을 숭배하게 하는 문화입니다. 이런 문화가 에베소에 만연하였습니다. 결국 에베소에서 문화 충돌이 일어나게 됩니다. 그리고 그것의 배후에는 악한 영적 세력들이 있었습니다.

성경 본문 18-19절을 보면, 믿는 사람들이 회개하고, 마술을 행하던 사람들이 마술책을 가져와서 불사릅니다. 하나님 나라가 선포되니까 악한 문화, 음란한 문화가 변혁됩니다. 말씀이 선포되니 마술을 행하던 미신 행위를 회개합니다. 점치고 마술하던 책들을 가져와서 불사릅니다.

회개가 무엇입니까? 후회하고 행동을 바꾸는 것입니다. 후회만 있으면 안 됩니다. 회개(변화, 행동)를 해야 합니다. 미국이나 한국이나 인터넷과 잡지에 너무 음란하고 저속한 내용들이 판을 치고 있습니다. 초등학생들도 보호할 수가 없는 상황입니다. 음란한 문화는 반기독교적 문화입니다. 술 먹고, 2차, 3차 하면서 집에 늦게 들어가는 문화, 이것도 반기독교적 문화입니다. 무당굿, 컴퓨터 점, 커플 궁합 보는 것 모두 보통 사람들이 하곤 합니다. 그것들은 반기독교적 문화입니다.

한국 사회에 무속신앙이 저변에 깔려 있습니다. 토정비결, 소설과 TV에 무당, 점쟁이 출연 횟수가 잦습니다. 날카로운 작두 위에서 춤추는 장면이 많이 나옵니다. 기독교는 종교적이라고 하면서도 불교와 무속적인 것은 토속적, 민속적이라고 하면서 방송에 허용하는 것은 안타까운 현실입니다.

구별된 사람이 세상을 변화시킵니다

바울도 제자들을 따로 훈련했습니다. 예수님도 열두 제자를 훈련시키셨습니다. 존 웨슬리는 이렇게 기도했습니다. “마귀의 권세를 흔들 수 있게 기도하는 사람 300명을 나에게 주십시오. 나는 세계를 당신 앞에 드리겠습니다." 세상을 변화시킬 수 있는 사람은 이런 사람들입니다.

오늘날 교회는 적당히 예수 믿고, 적당히 헌신된 사람들로 가득합니다. 그래서 숫자가 많아도 능력이 나타나지 않습니다. 99% 헌신자 100명보다, 100% 헌신된 한 사람이 더 큰일을 할 수 있습니다. 주님은 오늘도 저와 여러분이 우리 주님께 온전한 헌신자가 되길 기대하십니다.

주일날 한 번으로는 변화되기가 너무 어렵습니다. 안 변합니다. 변하려면 매일 말씀 안에 있어야 합니다. 훈련을 받아야 합니다. 우리 자녀들도 마찬가지입니다. 세상 교육을 위해서는 월요일부터 토요일까지 과외를 하면서, 신앙교육을 주일 한두 시간에 완성할 수가 없습니다. 자녀들을 믿음으로 키우려면 자녀들을 위해 매일 기도해 주십시오. 말씀으로 지도하십시오.

부모가 본을 보이십시오. 일주일 동안 세상 생각에 나를 내맡기지 말고, 매일 말씀 묵상 훈련을 하십시오(30분 이상 기도, 말씀 묵상을 하십시오). 이것이 주님이 나를 다스려 주시길 훈련하는 방법입니다.

결론 | 우리 교회는 하나님의 말씀만이 선포될 것입니다. 현재적 하나님의 나라 천국이 선포될 것입니다. 우리 교회는 영적 영향력을 끼치는 교회로 변화될 것입니다. 말씀을 통해 사람을 바꾸고, 치료하고, 아름답고 사랑이 있는 세상으로 바꾸고, 악한 문화를 기독교 문화로 바꾸는 영향력 있는 교회가 되도록 갈망하고 기도해야 합니다.

기도 | 사랑의 주님, 나를 통해 세상이 아름다워지고 치료되게 하시고, 나를 진정한 믿음과 사랑의 사람이 되게 하시고, 온전한 믿음과 헌신의 사람이 되게 하소서.

06

예배 가운데 생명과 위로를 주시는 하나님

행 20:7-12

1) 주일 예배의 증거(7절)

사도행전 20장에서, 바울은 드로아의 성도들을 방문했습니다. 일주일을 머물렀고 다음 날이면 떠나는 날입니다. F. F. 부르스 박사에 의하면, **주일 예배의 최초의 명백한 증거**라고 합니다(7절).[25]

일주일 중에 첫날인 주일에 그들은 모였습니다(7절). 오늘날처럼 10시, 11시에 모인 것이 아닙니다. 당시 사회에는 오늘날처럼 일요일이 공휴일이 아닙니다. 귀족은 매일 공휴일이고, 노예는 매일 일해야 했습니다. 보통사람들이 하루에 두 끼를 먹었는데, 그렇게 먹고 살면 잘사는 것이었습니다. 하루에 한 끼 먹고 사는 사람들이 많았습니다. 그러니 먹는 것이 그들에게는 정말 중요했습니다.

---

25) 개역한글: "안식 후 첫날" - 지금의 주일
개역개정: "그 주간의 첫날에" - 유대식 날짜 계산과 로마식 날짜 계산은 다릅니다.

"떡을 뗀다"는 의미는?

본문 7절에 "떡을 뗀다"는 의미는 성찬과 애찬을 의미합니다. 교회 예배 가운데 성찬식을 하고 예배 후에 음식을 나누어 먹었습니다. 배고픈 사람들이 교회에 와서 음식을 먹는 것은 큰 즐거움이었습니다. 그 예배를 통해 우리의 영혼과 육체가 하나님이 주시는 새 힘을 얻고, 치료함을 받고, 주님의 위로를 받을 수 있습니다. 그 예배는 그리스도인의 의무인 동시에 특권입니다.

예배를 통해 그리스도의 십자가를 생각하며 성도의 교제를 나누고, 말씀으로 권면받고 새 힘을 받아서 그리스도의 증인으로 세상에 나가 빛으로 살아야 합니다.

당시에는 주일 예배를 오전에 모인 것이 아니고, 저녁에 모인 것 같습니다. 낮에는 속한 곳에서 일하고 저녁부터 모여 함께 식사하고 밤까지 말씀을 들었습니다. **본문의 드로아 교회에서** 기독교 예배의 모습을 보게 됩니다.

⑴ **주일에 성만찬을 위해 모였습니다.** 오늘날은 교회의 성만찬이 너무 많이 축소되었습니다.

⑵ **저녁 식사와 함께 설교가 있었습니다.**

⑶ **말씀과 성례는 결합되어 있었습니다.** "성례는 눈으로 볼 수 있는 말씀"이라고 어거스틴은 말합니다. '애찬, 성만찬'이 사도행전 전체에서 기록된 것을 보면, **초대교회에서 음식을 나누는 것은** 중요한 의미를 가집니다(행 2:42, 46). 음식을 먹으면서 십자가의 죽으심을 생각하고, 음식을 먹으면서 경제적으로 힘든 형제 자매를 돌보며, 우리가 주님 안에서 한 가족임을 확인하는 의식인 것입니다(행 20:7).

바울과 성도들은 식사 교제 후에 예배를 시작했습니다. 3층짜리 가정집에서 예배를 드렸습니다. 조명시설도 좋지 않았습니다. 내일은 바울이 떠나는 날입니다. 진리의 말씀을 한 가지라도 더 알려주려고 애를 쓰다가 보니 설교가 길어졌습니다. 유두고라는 청년이 있었는데, 이름의 뜻은 '행운아'(Lucky man)입니다. 그는 난간에 앉았습니다(9절). 사람이 많아서 비좁았고, 복잡하여 3층으로 갔고, 그나마 난간에 비집고 앉았던 것 같습니다.

방안은 덥고, 통풍이 되지 않아서 땀 냄새로 불편했을 것입니다. 탁한 공기 상태였고, 등불은 많이 켰지만(8절) 그리 밝지 않았을 것입니다. 이런 상태에서 하루종일 일해서 피곤했던 소년은 졸음을 참지 못하고 졸다가 그만 3층에서 떨어졌습니다(청년의 나이는 십대 정도: 12절, 아이 8-14세, παῖς, pais). 다른 사람에게 소속된 아이로서 일을 하고 온 것 같습니다. 갑자기 아이가 휘청하며 쿵 떨어졌습니다(9절).

바울은 긴 설교를 멈추었습니다. 그리고 아래로 뛰어갔을 것입니다. 방안이 소란스러워졌습니다. 교회에 순간적으로 위기가 찾아왔습니다. "예배드리다가 사람이 죽었단다." 그런 말이 은혜가 됩니까? 사도 바울이 설교한 내용을 마귀가 다 덮고 흉흉한 소문으로 교인들을 다 흩어버릴 상황입니다. 그런데 하나님이 도와주십니다. 바울이 내려가서 "그 위에 엎드려 그 몸을 안고 말하되 떠들지 말라! 생명이 그에게 있다"라고 말했습니다. 그리고 유두고를 살렸습니다.

사도 바울은 죽은 시신을 껴안았습니다. 말씀을 듣던 은혜의 시간이 순간 멈추어진 것입니다. 기쁨의 순간이 갑자기 비극의 순간으로 바뀌었습니다. 소란스러운 교인들을 향해 "떠들지 말라" 생명이 있다고 했습니다(10절). 청년이 다시 살아났습니다. 그 장소에는 의사 누가가 있었습니다. 의사 누가는 사도행전을 기록하면서 그가 기절이 아니라 죽었다가 다시 살았다고 증언합니다.[26)]

구약성경을 보면, 엘리야가 사르밧 과부 아들에게(왕상 17:19) 기도하고 다시 살립니다. 엘리사가 수넴 여인의 아들에게(왕하 4:32-33) 기도하고 다시 살립니다.

신약성경을 보면 예수님이 여러 사람을 살리십니다. 나사로, 나인성 과부의 아들(눅 7:11-17), 회당장 야이로의 열두 살짜리 딸(눅 8:40-56, '달리다굼' 소녀가 잔다. "소녀야 일어나라!") 등을 보십시오.

베드로는 욥바에서 죽은 과부 도르가를 살립니다. 바울은 드로아에서 유두고를 살립니다. 사도행전에서 바울은 베드로에 버금가는 능력과 권위가 있음을 보여 줍니다. 그런데 사실은 그들의 능력이 아니라 하나님이 그 일을 하신 것입니다.

오늘날에도 이런 일이 일어날 수 있을까요?

소천하신 기도원 원장 故 김덕곤 목사님이 제게 간증을 했습니다. "하나님은 생명을 살리신다", "죽은 사람도 살리시는 하나님을 체험하였다"라고 했습니다.

사도행전 20장 11-12절을 보니 사람이 살아났습니다. 비극이 기쁨으로 바뀝니다. 살아 계신 하나님의 능력을 체험했습니다. 말씀은 진리이며, 하나님은 진실로 살아 계십니다.

(1) 하나님은 예배 중에 말씀을 통해 은혜를 주시고, 또 믿는 자

26) 한규삼, 《사도행전》, (생명의말씀사, 2006), p. 242.

들에게 영생을 주셨습니다.

⑵ 하나님은 생명을 주셨습니다. 영혼만이 아니라 육체의 죽음에서 다시 살려주심으로 우리의 부활을 알게 하시고, 하나님이 생명의 주관자이심을 시청각 교육으로 체험하게 하셨습니다.

⑶ 위기의 교회에 더욱 말씀을 믿게 하시고, 마음의 상처를 치료하시고, 교회를 도움으로 큰 위로를 주셨습니다.

드로아 교회 성도들은 성찬을 하고 사랑의 교제를 나누었습니다. 교회는 큰 위로를 받았습니다. 그리고 철야 집회를 마치고 기쁨으로 삶의 터전을 향해 갑니다. 예배 가운데 부활의 능력을 체험했습니다. 그리고 바울이 떠난 후에도 성도들은 유두고를 볼 때마다 큰 위로를 받았을 것입니다. 은혜 입은 자를 보고 위로받으시기 바랍니다. 아멘!

유두고는 어떤 삶을 살았을까요? 가는 곳마다 예수의 증인 된 삶을 살았을 것입니다. 간증하며 살았을 것입니다. 유두고는 성만찬을 통해, 예수 부활을 믿고 고백하는 자리에서 자신의 죽음과 소생을 경험한 것입니다. 우리가 신령과 진리로 예배를 드린다면 생명의 주님을 경험하고 그분이 주시는 위로를 얻게 됩니다.

결론 | 예배는 구원받은 성도의 의무이자 특권입니다. 오늘날에도 예배를 드릴 때마다, 성도의 교제가 있을 때마다 죽었던 내 영혼이 다시 소생하는 체험을 할 수 있길 바랍니다. 잠자던 내 영혼이 깨어나는 체험, 낙망했던 영혼, 절망했던 영혼, 소망을 잃어버렸던 내 영혼이 새 힘을 얻고, 기쁨을 회복하는 예배를 경험하시길 바랍니다.

기도 | 살아계신 하나님, 십자가의 사랑과 부활의 능력을 경험하는 예배 되게 하소서. 유두고처럼 온전한 주님의 능력을 체험하게 하소서. 하나님 나라를 삶 속에서 체험하는 나와 가정, 교회 되게 하소서. 천국의 기쁨과 감사를 가지고 성령의 열매 맺는 삶을 살게 하소서! 예수 그리스도의 이름으로 기도합니다. 아멘.

07

인생의 폭풍이 몰려올 때

행 27:9-25

인생은 바다와 비슷합니다. 인생에는 잔잔할 때도 있고, 파도가 칠 때도 있습니다. 때로는 광풍이 불어올 때가 있습니다. 그때 우리가 의지할 분은 사람이 아니라 하나님입니다(시 146:3).

사도행전 27장의 사건은 이렇습니다. 바울이 로마 군인에게 잡혀 죄수의 신분으로 로마로 호송되고 있습니다. 10-11절을 보면, "백부장이 선장과 선주의 말을 바울의 말보다 더 믿더라"고 말씀하고 있습니다. 백부장은 죄수 바울의 말을 듣지 않았습니다. 백부장은 하나님의 사람을 알아보는 영의 눈이 없었기 때문입니다.

1) 사람의 말을 듣고 출항한 결과는?(13-14절)

배가 떠날 때에는 순풍이 불었습니다. 그런데 얼마 못되어 광풍이 불어왔습니다. 광풍의 이름은 '유라굴로'입니다. 라틴어 유루스

(Eurus, 동남풍)와 아킬로(Aquilo, 북풍)의 합성어입니다. 유라굴로는 어디서 오는지를 모르는 바람입니다.

지금 인생의 순풍이 내일의 순풍을 보장하지 않습니다. 인생이 내 생각대로 다 된다면, 병에 걸릴 사람이 없습니다. 사고가 날 이유도 없습니다. 내 생각대로 다 된다면, 사업이 힘들지도 않을 것입니다. 내 생각대로 다 된다면, 인간 관계가 꼬일 사람도 없을 것입니다. 인생은 내 생각대로 다 되는 것이 아닙니다.

배 안의 사람들을 살펴보십시오.

(1) 선주는 돈을 앞세우며 사는 사람입니다. 그러나 광풍 앞에서는 꼼짝도 못합니다. 배 안의 귀한 물건조차 다 버려야 했습니다. 나중에는 식량조차 다 버립니다.

(2) 선장은 항해 기술자입니다. 자기 실력으로, 경험으로 이 배를 잘 운항할 줄 알았습니다. 자신의 항해 기술을 믿었으나 광풍이 오니 아무 소용이 없었습니다. 자신의 기술과 재능을 믿는 사람은, 인생의 광풍이 불어오면 그 기술은 전혀 먹히지 않습니다.

(3) 백부장은 로마의 군대 장교입니다. 권력자입니다. 그는 돈을 가진 선주의 말과 실력을 가진 선장의 말을 믿었습니다. 사람의 말을 믿은 백부장은 밀려오는 광풍 앞에서 해결책이 없었습니다. 연약한 사람을 믿고 의지하는 사람은, 밀려오는 광풍 앞에서는 소용이 없습니다. 사람을 의지하는 사람은 인생의 풍파를 이길 수 없습니다.

> "귀인들을 의지하지 말며 도울 힘이 없는 인생도 의지하지 말지니" (시 146:3).

우리의 의지의 대상은 하나님밖에 없습니다. 인생은 하나님께 반응하며 살아야 합니다. 사람들 중에는 은행에 돈만 많이 있으면 해결되는 줄로 생각하는 분이 많습니다. 그러나 인생의 광풍이 몰려올 때, 돈이 조금 도움을 줄지 모르지만 완전한 해결책은 아닙니다. 우리는 매 순간 하나님을 의지해야 합니다.

(4) 배 안의 사람들은 어떻게 되었나요?(18-19절) 광풍을 만났을 때 심히 애를 썼다고 했습니다(18절).

사람들은 위기를 만나면 애를 씁니다. 모든 수단을 강구합니다. 그러다가 그것이 통하지 않으면 절망합니다. 그리고 포기합니다. 배 안의 사람들은 미항에서 뵈닉스 항구로 가서 돈도 벌고 쉬고자 했던 그 열정을 포기합니다. 꿈도 버렸습니다. 소중한 재산도 희망도 다 버립니다. "구원의 여망마저 없어졌더라"(20절). 쉬운성경을 보면, "결국 우리는 살아남을 수 있다는 희망을 모두 포기하고 말았습니다."라고 했습니다. 우리의 인생도 이와 같습니다.

모두가 두려워 떨 때, 광풍을 두려워하지 않는 사람이 있었습니다. **276명 중 단 한 사람**, 위기 속에서 담대한 사람 바울을 보십시오.

(5) 바울은 죄수입니다. 그런데 광풍을 만난 후에 리더십이 역전됩니다. 배 안의 사람들이 다 바울의 말을 듣습니다. 백부장도, 군인들도, 선주도, 선장도 바울의 말을 듣습니다. 성도 여러분! 기도하는데 반응이 없나요? 사랑하는 사람이 떠나갔나요? 기도해도 어려움이 계속되나요? 기도해도 계속 감옥에 있나요? 바울처럼 바다에서도 찬송하십시오. 감옥에서도 찬송하시기 바랍니다.

2) 바울은 유라굴로 광풍 속에서 어떻게 승리했는가?

바울의 태도를 통하여, 인생의 폭풍이 올 때 승리의 비결을 배울 수 있길 바랍니다.

⑴ 자신의 소속을 분명히 하였습니다.

"내가 속한 바 곧 내가 섬기는 하나님"(23절). 나는 하나님께 속해 있다는 것입니다. '나는 그리스도인이다. 나는 하나님의 아들이다. 나는 하나님의 딸이다. 나는 천국 시민이다'라는 것입니다. 우리도 자신의 소속을 분명히 할 수 있기를 바랍니다. 폭풍이 올 때 모든 배가 항구에 정박합니다. 그때 항구의 배들은 닻을 바다 깊이 내려놓습니다. 닻을 바다 깊이 내려놓으면, 아무리 폭풍이 몰려와도 떠내려가지 않습니다. **우리 영혼의 닻을 항구 되신 하나님께 깊이 내리십시오.** 찬송가 가사처럼 **'풍랑이 일고 바람이 불 때 그대는 닻을 쥐고 서 있습니까?'** 나는 하나님께 속해 있으니 하나님이 나를 보호하신다고 믿으십시오.

⑵ 바울은 광풍 속에서 기도했습니다.

폭풍이 올 때 기도하십시오(23-24절). 바울은 하나님이 함께하심을 믿었습니다. 하나님의 음성을 들었습니다. 천사가 함께 있음을 믿었습니다. 마태복음 28장 20절에서 예수님은 "너희와 항상 함께 있으리라" 약속하셨습니다. 어둠 속에서 우리가 못 느껴도 하나님은 우리 곁에 계신 분입니다. 내가 못 느낀다고 안 계시는 분이 아닙니다.

다윗은 이렇게 고백합니다.

"여호와는 나의 목자시니 내게 부족함이 없으리로다…내가 사망의 음침한 골짜기로 다닐지라도 해를 두려워하지 않을 것은 주께서 나와 함께하심이라 주의 지팡이와 막대기가 나를 안위하시나이다"(시 23편).

수많은 죽음의 위기 속에서도 신실하신 하나님께 기도하였더니 하나님이 신묘막측하게 구원해 주셨습니다.

다윗이 한번은 십광야에 숨었습니다. 도움받았던 사람들이 의리 없이 사울 왕에게 다윗을 고발했습니다. 사울 왕이 수천 명을 이끌고 다윗을 잡으려고 합니다. 이제 독 안에 든 쥐입니다. 다 죽게 되었습니다. 그때 무슨 일이 일어난 줄 아십니까? 이웃 나라 블레셋이 10만 명을 이끌고 예루살렘을 향해 쳐들어왔습니다. 그래서 다윗을 다 잡았다가 적군을 막으러 국경선으로 후퇴했습니다. 다윗은 죽을 고비를 수도 없이 넘겼습니다. 다윗과 함께하신 하나님이 오늘 나와 함께 계십니다.

우리가 정말 하나님을 만났다면 이렇게 시시하게 교회생활하지 않을 것입니다. 이렇게 타락한 신앙생활을 하지 않을 것입니다. 오늘날 많은 교회에는 예수님의 이름과 능력이 없습니다. 단지 큰 건물과 프로그램만 있습니다. 단지 사람들만 많습니다. 그리고 가끔씩 예수의 이름을 끼워 넣을 뿐입니다. 그것은 주님이 말씀하는 교회가 아닙니다.

정말 바른 교회는 예수님이 주인입니다. 건물이 아닙니다. 사람 수가 아닙니다. 주님을 갈망하는 겸손한 사람들이 모여서 예배합니다. 그 겸손한 사람은 진정으로 하나님을 경험한 사람입니다. 사람들은 대부분 교만합니다. 그래서 내 경험, 내 머리, 내 생각이 제일이라고 생각합니다. 하나님을 만난 이후에 과거의 나를 보면 내가 교만했음을 깨닫습니다.

모든 것을 잃어버리지 않고는 진정으로 겸손해지지 않습니다. 모든 것을 잃어버리지 않은 사람은 진정으로 겸손히 기도하지 않습니다. 여러분, 아직도 내게 남아 있는 것이 있다면 더 잃기 전에 겸손히 하나님을 찾고 만나시기 바랍니다.

돈을 많이 가지는 것이 사실은 저주일 가능성이 더 큽니다. 왜 그럴까요? 그것 때문에 하나님을 만나기 어렵기 때문입니다. 너무 건강한 것이 저주일 수 있습니다. 그것 때문에 진정으로 하나님을 찾지 않기 때문입니다.

내가 가진 건강, 돈, 가족, 직장이 하나님이 주신 것임을 진정으로 깨닫고 감사한다면, 더 잃기 전에 하나님을 만날 것입니다. 풍랑 속에서 드리는 간절한 기도는 하나님이 들으십니다. 기도는 기적을 가져옵니다.

⑶ 폭풍 속에 하나님의 목적이 있음을 알게 됩니다(24절).

이 폭풍은 바울을 공격한 사탄의 역사임을 우리는 압니다. 하나님이 이런 고난에서 승리하게 하신다는 것을 알아야 합니다. 하나님은 말씀하십니다. “너는 죽지 않는다. 두려워하지 말라. 너는 사명이 있다. **로마에 가서 가이사를 만나야 한다**”라고 하셨습니다(행 27:24).

폭풍을 통하여 배 안의 사람들에게 하나님의 살아 계심과 영광을 보여 주고, 하나님은 바울을 높여 주셨습니다. 여러분, 현실은 어떻습니까? 나이를 먹으면서 몸이 잘 말을 듣지 않나요? 기대했던 월

급이 조금밖에 되지 않나요? 빚이 산더미처럼 쌓였나요? 기도를 오래 했는데도 응답이 없나요? 병 낫기를 기도했는데 지쳤나요? 그냥 포기하고 싶나요? 안 됩니다. 믿음의 사람은 다시 일어나야 합니다.

성전 미문에 앉은뱅이는 40년간 낫지 않았습니다. 어느 날 예수님의 능력으로 일어났습니다. 광풍을 만났을 때, 276명 중에 바울을 빼고는 다 애쓰다가 포기하고 절망했습니다. 이때 바울의 반응은 달랐습니다. "여러분이여, 안심하십시오. 나는 하나님을 믿습니다."

풍랑만 바라보는 자는 절망합니다. 그리고 망합니다. 사탄은 풍랑 뒤의 하나님의 목적을 보지 못하게 합니다.

*** 한국의 목사님 가족이 캐나다 나이아가라 폭포에 여행을 갔습니다. 눈이 쌓인 도로를 운전하는데 앞에서 큰 트럭이 눈길에 미끄러져서 서로 부딪히려고 합니다. 정면 충돌하는 순간에 다 외쳤습니다. "주여! 하나님!" 부딪히기 직전에 서로 비껴 지나갔습니다. 차 안에 평안이 다시 찾아왔습니다. 그때 목사님의 형님이 심각해졌습니다. 아무리 전도해도 믿지 않던 형님이 말합니다. "야! 너희 가족은 찾을 하나님이 있는데, 나는 찾을 존재가 아무도 없구나!" 그는 그날부터 예수님을 믿었다고 합니다.

모든 고난에는 하나님의 목적이 있습니다. 목적을 아는 자는 견딜 수 있습니다. 지금 당하는 어려움만 해결하려고 하지 말고 하나님의 목적이 무엇인지를 깨달으십시오.

(4) 체험적 믿음을 가지십시오(25절).

“여러분이여, 안심하십시오. 나는 하나님을 믿습니다”(행 27:25). 우리는 이론적으로 믿는 사람이 아니라 체험적인 믿음의 사람이 되어야 합니다. 배 안의 사람들은 묻습니다. 당시 풍랑과 흑암이 14일 동안 지속되고 있는데 하나님이 도와준다는 증거가 있는지 묻습니다. 바울에게는 지금 배 안의 광풍을 만난 사람들에게 보여 줄 증거가 없습니다. 계속 풍랑이 일고 있습니다. 환경은 여전히 어렵습니다. 그런데 ‘그래도 나는 하나님을 믿노라’ 고백합니다. 체험적 고백입니다.

이론적으로 믿는 사람도 있습니다. “하나님이 계세요. 천지창조를 믿습니다. 천국과 지옥이 있는 것도 믿습니다.” 그런데 기도는 안 합니다. 이론적으로 믿는 사람은 하나님을 믿는다고 말하지만, 돈을 좇아다닙니다. 자기 유익에 헌신합니다. 평소에 하나님을 의식하지 않습니다.

그러나 **체험적 신앙인**은 억울한 일을 당해도 답답해하지 않습니다. 하나님이 좋게 해 주실 줄 믿습니다. 체험적 신앙인은 응답이 없어도 계속 기도합니다. 반드시 응답하실 것을 믿으니까 체험적 신앙인은 말씀대로 살려고 노력합니다. 체험적 신앙인은 위기 속에서도 찬송합니다.

이론적으로 믿는 사람은 위기가 올 때 “하나님, 어디 계시나요?” 하며 불평도 잘합니다. 의심도 잘합니다. 그러나 체험적으로 믿는 사람은 소망을 말합니다. “하나님이 반드시 도우심을 믿습니다” 하며 시간, 돈, 몸으로 봉사합니다. 체험적으로 믿는 사람은 하나님께 헌신되어 있습니다. 성도님들은 체험적 신앙인이 되시길 바랍니다.

바울이 성경을 이론적으로 믿을 때 살기등등했습니다. 앞장서서 그리스도인을 잡아 감옥에 가두었습니다. 자기 성공에 도움이 되면 체포하고, 돌로 치고 죽였습니다. 그랬던 그가 다메섹 도상에서 체험적으로 하나님을 만났습니다. 그가 회당에서 복음을 전하다가 잡혀서 죽도록 매를 맞아도 예수님을 믿습니다. 아무리 환경이 어려워도 감사합니다. 14일 동안 폭풍과 암흑이 지속되어도 소망을 말합니다. 체험적으로 하나님을 믿으시기 바랍니다.

아무리 어려운 환난이 와도 절망하지 마십시오. 담대하십시오. '나는 불행하다'는 생각을 한 번이라도 하지 마십시오. 미리 걱정하지 마십시오. 걱정, 염려하는 것은 안 믿는다는 것입니다. 하나님을 전적으로 신뢰하지 못하는 행동입니다. 진짜 믿으면 염려하지 않습니다. 이론으로 안 됩니다. 체험으로 됩니다. 믿음의 체험을 자꾸 해야 합니다.

말씀을 정리합시다. 선주, 선장, 백부장은 다른 것을 의지했습니다. 그러나 바울은 폭풍 속에서도 두려워하지 않고 살아 계신 하나님을 믿었습니다.

(1) 폭풍이 몰려올 때, 영혼의 닻을 하나님께 내리십시오(22-23절). '나는 누구인가?' 그리스도인으로서 자기 소속을 분명히 하십시오.

(2) 폭풍이 올 때, 기도하십시오(23-24절). 하나님의 음성을 들으십시오. 함께하심을 느끼십시오.

(3) 폭풍 속에, 하나님의 목적이 있습니다(24절). 고난을 허락하신 이유를 알면 견딜 수 있습니다.

*** 탄광에서 갱도가 무너지는 사고가 일어났습니다. 전

화선이 연결됩니다. "너를 구하러 가고 있다"는 소리가 들립니다. '지금 내가 너와 함께한다'라는 하나님의 음성을 듣는다면 끝까지 견딜 수 있습니다.

⑷ 체험적 믿음을 가지십시오(25절). '나는 살아 계신 하나님을 믿어. 나는 지금 도우심을 믿는다. 지난번에도 도우셨어. 이번에도 도우실 거야!'라는 확신을 가지십시오.

결론 | 기도하십시오. "하나님, 저는 체험적인 믿음의 사람이 되길 원합니다. 선데이 크리스천이 되고 싶지 않습니다. 이론적 크리스천이 되고 싶지 않습니다. 저도 바울처럼 '나는 하나님을 믿노라' 하는 체험적 크리스천이 되게 해주세요." 이렇게 기도하시면, 하나님이 반드시 도우실 것입니다.

기도 | 사랑의 주님, 생명의 위협이 있는 순간에도 생명의 주관자 되시는 하나님을 신뢰하는 체험적 그리스도인이 되게 해주세요. 예수 그리스도의 이름으로 기도합니다. 아멘.

08

하나님의 섭리

행 28:1-6

바울과 그 일행은 유라굴로라는 큰 폭풍을 만납니다. 2주 동안 폭풍으로 죽을 고생을 했습니다. 그러나 하나님의 섭리(보호) 가운데 다 구원을 받았습니다. 바울 때문에 하나님은 배에 탄 모든 사람을 살려주셨습니다.

나 때문에 우리 가정, 우리 회사, 우리나라를 살려주시는 역사가 있길 바랍니다. 아주 놀라운 사건입니다. 처음에는 쇠고랑에 묶여 가던 죄수 바울이 무시당했습니다. 그러나 이런 어려움을 통해서 그들 276명은 바울을 실질적인 지도자로 따르게 됩니다. 바울에게 인생역전(turn around)이 되었습니다. 이것은 하나님의 섭리(the providence of God)였습니다.

우리는 바울 뒤에서 역사하신 하나님을 봅니다. 섭리란 영어로 providence입니다. 동사는 provide, 즉 '공급하다'입니다. 하나님께서는 인생에 필요한 것을 공급하시는 분입니다. 인생 항해의 주도권을 하나님이 가지고 계십니다.

멜리데 섬에 상륙하다

바울 일행은 이제 겨우 어떤 섬에 상륙하여 목숨을 건졌습니다. 섬의 이름은 '멜리데' 섬입니다. 그곳은 그들이 원해서 간 곳이 아닙니다. "우리가 구조된 후에 안즉 그 섬은 멜리데(말타)라 하더라"(28:1). 겨우 해안에 닿아 생명을 구원하고 정신을 차려서 보니 섬 이름이 멜리데라 하였습니다. 그런데 원래는 풍랑의 방향인 북아프리카 어느 해변에 떠내려가야 합니다. 그런데 반대 방향인 이탈리아에서 멀지 않은 섬이었습니다.

더 놀라운 것은, 그 섬의 이름의 뜻은 '피난처'(refuge)였습니다. "원주민들이 특별한 동정을 하여" 그들을 영접했습니다(2절). 그 섬은 하나님께서 섭리 가운데 제공하신 피난처였습니다. 결국 바울 일행은 로마로 갑니다. "그래서 우리는 이와 같이 로마로 가니라"(14절). 아멘!

> "날마다 숨쉬는 순간마다 내 앞에 어려운 일 보네 / 주님 앞에 이 몸을 맡길 때 슬픔 없네 두려움 없네 / 주님의 그 자비로운 손길 항상 좋은 것 주시도다 / 사랑스레 아픔과 기쁨을 수고와 평화와 안식을."

하나님은 어려운 환경 가운데서 가장 좋은 것을 주시는 분입니다. 믿으십니까? 여기서 우리는 한 가지 신앙 원리를 깨닫습니다. 하나님의 사람들은 하나님의 섭리 가운데 있습니다.

1) 우연은 없습니다.

바울 일행이 멜리데를 모르고 갔습니다. 그러나 그들은 하나님의 섭리 가운데서 이끌림을 받았습니다. 왜 하나님은 바울을 멜리데에 보내셨을까요? 그곳에 복음이 필요한 사람들이 있었습니다.

어쩌다가 헤엄쳐서 간 곳이 피난처라고요? 아닙니다. 바울과 276명이 멜리데 섬으로 온 것은 하나님의 특별한 섭리 때문이었습니다. 특별히 멜리데 섬사람들을 구원하시기 위한 하나님의 섭리임을 발견합니다. 그 섬사람들은 순수하고 착했으나 하나님에 대해서는 무지한 사람들이었습니다. 복음이 필요한 사람들이었습니다.

사람들이 하나님의 시각으로 이 세상을 보지 못하기 때문에, 모든 것이 우연으로 보이는 것입니다. 하나님은 우리의 건강과 성공과 형통함을 통해서도 일하시지만, 동시에 우리의 질병과 실패와 절망을 통해서도 일하십니다. 하나님은 질병과 실패를 통해서도 일하시고 우리를 보호하십니다.

나는 왜 이 직장에서 일하는가? 나는 왜 이런 집에 시집 와야 하는가? 나는 왜 병들어야 하는가? 나는 왜 이민을 와야 했는가? 나는 왜 억울한 일을 당해야 하는가?

여러분, 이 많은 질문에 여러 가지 대답이 있을 수 있지만 그리스도인의 공통된 대답이 있습니다. 사명이 있어서 보내신 것입니다. 믿음 생활 잘하고 복음 증거하는 삶을 살라고 이 삶의 현장에 두신 것을 깨달아야 합니다.

빌립을 광야로 내보낸 것은 에디오피아 내시를 만나기 위해서입니다. 요셉과 바울이 감옥에서 고생한 것은 하나님이 그들을 통해서 만백성을 구원하기 위함이었습니다. 그리스도인에게는 우연이 없습니다.

하나님이 바울을 멜리데 섬으로 보내신 것은 그 섬사람들로 하여금 예수 믿고 구원받게 하기 위함이었습니다.

바울은 그 섬의 지도자 보블리오의 부친의 병을 위해 기도했습니다. 하나님이 고쳐주셨습니다. 또 다른 병자들이 치료함을 받았습니다. 그 섬에서 가장 영향력 있는 사람에게 전도할 기회를 주신 것입니다. 그 은혜를 받은 자들은 하나님께 감사를 드렸습니다.

하나님은 왜 나를 지금 이곳에 있게 하셨을까요? 여러분이 계신 그 자리에서 하나님의 일을 하라는 것인 줄 믿습니다. 우리는 이 자리에서 최선의 삶을 살아야 합니다. 하나님은 하나님을 사랑하는 자를 위하여 악을 선으로 변화시키시는 분임을 믿으시기 바랍니다(롬 8:28).

2) 하나님은 하나님의 방법으로 이끄십니다.

하나님은 바울을 로마로 인도하리라고 약속하십니다. 그런데 하나님의 방법은 바울이 원치 않는 방법으로, 죄수로 데려가셨습니다(행 27:1).

하나님은 복음 증거를 위해 바울을 선택하셨습니다. 그리고 그가 복음을 들고 로마로 가야 할 것을 알려주셨습니다. 예수님은 “네가…로마에서도 증언하여야 하리라”(행 23:11)고 말씀하셨습니다.

바울은 그가 예루살렘 교회 지도자들을 잘 만난 후에 로마로 선교를 떠날 생각이었습니다. 자유의 몸으로 가길 원했습니다. 그러나 그는 예루살렘 성전에서 잡히고 죄수의 몸이 됩니다. 그런 일은 그가 정말 원치 않는 일이었습니다. 자유를 박탈당하고, 무시당하고, 매맞는 인생입니다.

그러나 바울이 죄수의 몸이 된 것도 하나님이 예비하신 섭리였습니다. 바울의 계획대로 안 됩니다. 바울은 암살의 위험 가운데 노출되어 있던 사람입니다. 40명의 결사대는 바울을 죽이지 못하면 밥을 먹지 않겠다고 했습니다.

⑴ 신변을 보호해 주셨습니다.

죄수로서의 유익이 있었습니다. 바울이 죄수이므로 로마의 천부장이 호송 책임을 가지고 신변 보호 프로그램을 가동한 것입니다.

하나님이 인생항로의 주도권(initiative)을 가지고 계십니다. 바울은 예루살렘에서 바로 로마에 가려고 했습니다. 그런데 체포됩니다. 끝없는 재판을 받았습니다. 가이사랴 감옥에서 투옥됩니다. 유대인 결사대가 암살하려 합니다. 지중해에서 물에 빠져 죽을 뻔했습니다. 군인들에게 처형당할 뻔했습니다. 독사에게 물려 죽을 뻔했습니다. 그럼에도 불구하고 하나님은 그분의 목적대로 이루셨습니다.

바울은 생명의 복음을 들고 당시 최대의 도시 로마에 입성한 것입니다. 바울은 결국 로마에 이르게 되고, 거침없이 복음을 증거합니다. 할렐루야!

⑵ 고위 관직들에게 복음 전파의 기회를 가졌습니다.

바울은 하나님의 섭리에 의해 죄수의 신분으로 로마에 도착합니다. 바울은 유대 가이사랴 감옥에서 2년, 로마 감옥에서 2년, 로마로 가던 항해 기간 6개월 등을 합치면 약 5년 동안 가택 구금 상태로 지냈습니다. 지독히도 활동적이었던 바울에게 답답한 악재가 아닌가 생각할 수도 있겠습니다.[27]

그러나 오히려 그 기간 동안 고위 관직들에게 복음 전파의 기회를 가졌습니다. 천부장, 유대 왕과 총독과 관료들이 바울의 설교를 들어야 했습니다. 로마의 친위대 군인들이 바울을 지키면서 바울의 전도를 받았습니다.

학자들은 로마 황제 네로에게도 복음을 전한 것으로 말합니다[28] (존 스토트 인정). 바울은 고백합니다.

> "형제들아 내가 당한 일이 도리어 복음 전파에 진전이 된 줄을 너희가 알기를 원하노라"(빌 1:12).

⑶ 옥중서신을 기록했습니다.

로마에서 감옥 생활을 하는 2년 동안 에베소서, 골로새서, 빌레몬서, 빌립보서를 썼습니다.[29] 하나님의 섭리 가운데 서신서를 기록하여 신앙생활의 바른 원리를 남겨 주었습니다.

후세에 그리스도인과 우리에게 휠씬 더 유익을 끼쳐주었습니다.

---

27) 존 스토트, 《사도행전 강해》 (IVP출판사, 1992), p. 481

28) *Ibid.*, p. 480.

29) *Ibid.*, p. 481.

바울이 그가 남긴 서신이 이처럼 귀하게 수많은 영혼을 구원할 줄 알았다면 감옥에서 춤추며 할렐루야를 불렀을 것입니다. 그 당시의 바울 자신은, 미래에 이렇게 많은 사람들이 그가 쓴 성경을 읽을 것이라고 생각하지 못했을 것입니다. 이것이 하나님의 섭리 가운데 이루어진 것입니다.

3) 지금도 기적(특별섭리)이 있습니다.

멜리데 섬 주민들이 불을 피워 그들을 환영하였습니다. 그런데 바울이 비에 젖은 나뭇가지들을 불에 넣다가 독사가 나와서 그 손을 물었습니다(행 28:3-4). 토인들이 말합니다. "진실로 이 사람은 살인한 사람이로다."

당시 그리스-로마 문화에 의하면, 죄를 지은 자는 바다의 풍랑에 죽습니다. 그리고 독사에 물린 자는 살인한 자입니다. 그런데 오래 기다려도 바울이 붓거나 죽지 않으니까 이제는 신이라고 합니다. 기적이 일어난 것입니다(6절).

하나님의 능력은 최악을 최선의 것으로 바꿉니다. '하나님은 최악의 상황을 최선의 상황으로 바꾸십니다!' 하나님은 최악의 조건을 최선의 축복으로 만드십니다.

오늘날에도 기적이 있을까요? 물론입니다. 기적은 있습니다. 창조주 하나님께서 자연 법칙을 능가하는 기적을 이루지 못하시겠습니까? 하나님의 일에 순종하여 일하는 종이 아직 일해야 한다면, 하나님이 그 뱀에 물려 죽게 버려두시겠습니까? 비록 뱀에 물렸다고 하더라도 그 일을 역전시켜서 복음이 전파되도록 하십니다. 믿으십니까?

“그래서 우리는 이와 같이 로마로 가니라”(행 28:14).

결론 | 하나님은 우리의 인생의 주도권을 가지고 계십니다. 그 분의 섭리 가운데 우리에게 좋은 것도 주시지만, 어려운 상황, 질병, 실패도 주십니다. 이곳에 우리를 있게 하심은 우연이 아닙니다. 하나님의 사명이 있습니다. 그 사명을 이루는 데는 우리의 방법대로 되지 않을 때가 많습니다. 하나님의 방법을 따라야 합니다. 그것이 최선의 길입니다. 하나님은 최악의 상황을 최고의 축복으로 변화시키는 분입니다. 하나님을 끝까지 신뢰하고 믿으십시오. 삶 속에서 기적을 체험하는 저와 여러분이 되길 바랍니다.

기도 | 살아 계신 하나님, 하나님은 제 인생의 주도권을 가지고 계십니다. 저를 이 삶의 현장에 있게 하심은 분명한 사명이 있기 때문인 줄 믿습니다. 하나님, 저를 사용하셔서 하나님의 목적을 이루시옵소서. 예수 그리스도의 이름으로 기도합니다. 아멘.

09

계속되는 사도행전: 복음의 거침없는 전진

●

행 28:30-31

로마에 도착한 바울은 어느 정도 자유로운 연금 가택상태에서 재판을 기다렸습니다. 바울은 자신의 셋집에 찾아오는 모든 이들을 환영하고 그들에게 복음을 전했습니다. 이때 바울은 옥중서신을 기록합니다. 비록 바울이 죄수의 몸으로 로마에 왔지만, 어떤 방해물도 그가 "하나님의 나라를 전파하며 주 예수 그리스도에 관한 모든 것을 담대하게"(31절) 가르치는 것을 막지 못했다고 누가는 기록하면서 사도행전을 끝맺고 있습니다.

왜 바울의 죽음을 기록하지 않았을까?

그런데 여러분 우리는 의문을 갖게 됩니다. 왜 바울의 죽음을 기록하지 않았을까? 마지막 절이 너무 싱겁게 끝나는 것 같지 않습니까?

특히 누가복음과 사도행전은 시리즈이기 때문에, 사도행전의 마무리는 누가복음의 마무리를 겸하는데, 마지막 두 절의 요약은 너무 짧다고 느껴집니다.

바울은 가이사 앞에 설 것을 예언했고, 로마 황제 앞에 서기까지는 그가 해를 당하지 않을 것이라는 확신이 있었습니다(행 27:23-24). 그런데 막상 로마에 도착해서는 로마 황제 앞에 서는 것을 기록하지 않습니다. 그리고 누가는 바울의 순교를 기록하지 않고 서둘러 끝맺고 있습니다.

왜 그렇게 기록했을까요? 누가와 데오빌로와 그의 교회들도 바울이 마침내 로마에서 순교로서 죽음을 알았을 텐데, 왜 누가는 바울의 죽음에 대한 기록을 예수님의 죽으심과 병행하여 기록하지 않았을까요? 누가는 사실 바울의 모든 행적을 알고 있으면서도 의도적으로 이렇게 끝맺는 것입니다.

> "하나님의 나라를 전파하며 주 예수 그리스도에 관한 모든 것을 담대하게 거침없이 가르치더라"(행 28:31).

실제로 28장 31절은 사도행전 1장 8절과 함께 사도행전의 내용을 압축하고 있습니다.

"오직 성령이 너희에게 임하시면 너희가 권능을 받고…땅끝까지 이르러 내 증인이 되리라"(행 1:8) 하십니다. 성령께서는 제자들에게 능력을 주시고, 앞으로 올 하나님 나라에 대해서 말하도록 하셨습니다. 그래서 스데반은 돌에 맞으면서도 담대히 복음을 증거했고, 베드로도 죽음의 위협 속에서도 복음을 담대히 증거했고, 바울이 로마에 도착해서도 복음이 거침없이 전파됩니다.

그런 면에서 거침없는 복음 전파는 본서의 의도를 가장 잘 나타내는 것입니다.[30)]

1) 복음은 거침없이 전진합니다(31절).

복음의 전진은 어떤 상황에서도 장애물을 뛰어넘습니다. 바울은 로마에 입성 후 한 차례 풀려났다가 네로 황제 박해 때 AD 64년경에 다시 잡혀 순교합니다.[31)] 핍박자들은 바울이 죽으면 기독교가 없어질 줄 알았는데, 바울이 순교했어도 복음은 여전히 전진하였습니다. 베드로가 십자가에 거꾸로 순교했어도 복음은 전진했습니다. 박해의 환경에 있던 로마 공직자 데오빌로가 속한 교회에서도 복음은 전진했습니다.

오늘날에도 복음은 거침없이 전파되고 있습니다. 구소련이 스탈린의 종교 말살 정책 가운데서도 믿는 자들의 마음속의 신앙은 어쩔 수 없었습니다. 중국의 문화혁명 당시에 모든 기독교의 성경은 오직 박물관에만 있게 만들고, 모든 지도자들을 감옥에 가두고 선교사들을 추방했어도 복음은 거침없이 전파되었습니다.

공산 사회주의 국가인 중국에 수많은 그리스도인들이 생겨났습니다. 기독교 신자가 5천만 명 이상이라고 추정합니다. 한국의 기독교 신자가 1천만 명이라고 할 때, 5배 넘게 기독 신자를 보유한 국가

---

30) 한규삼 외, "사도행전을 엮은 몇 가지 주제들", 《사도행전》, (두란노, 2003), p. 55.

31) 바울이 석방된 2년의 기간 동안에 스페인을 방문했을 것으로 추정할 수 있다(롬 15:24 Clement 1:5), 한규삼, 《사도행전》, 2006, p. 327.

가 되었습니다.

그런데 사탄은 복음의 전진을 방해합니다. 바울을 핍박합니다. 돌로 치기도 합니다. 매로 치기도 합니다. 감옥에 집어넣기도 합니다. 배고프고, 헐벗고, 춥게 만들기도 합니다. 동족들이 바울을 배신하게 합니다. 죽음의 공포를 주기도 합니다. 유라굴로라는 풍랑을 통해 물에 빠져 죽게 합니다. 독사의 독으로 죽게 하려 합니다. 그럼에도 불구하고 바울이 로마로 가는 길을 막지 못했습니다.

사도행전 마지막 장인 28장 마지막 31절 말씀에 "예수 그리스도에 관한 모든 것을 담대하게 거침없이 가르치니라"에서 '거침없이'에 해당하는 원어는 '아콜루토스'(ἀκωλύτως)입니다. '방해받음이 없이'라는 부사입니다.

직역하면 "바울은 하나님 나라를 전파하며 주 예수 그리스도를 가르쳤다, 방해받음이 없이 담대히"라는 말입니다. 복음이 거침없이 전파됨으로 모든 민족에게 복음이 전파될 것을 예상하고 있습니다(31절). 아주 힘있는 결론입니다.[32)]

교회 역사를 보면, 기독교는 기적의 역사요, 그 기적의 배경에는 그리스도인의 희생이 있었습니다. 심지어 2세기 기록에 의하면, 전염병에 걸려 죽은 시체들을 아무도 치울 생각을 못했습니다. 어느 누구도 무서워서 가까이 가지 않았습니다. 그때 흰옷 입은 사람들이 나타나서 시체들을 옮겼습니다. 그들은 그리스도인이라고 하는 사람들이었습니다.

그들은 이 땅의 삶만으로 인생을 평가하는 사람들이 아니었습니다. 하나님 나라 백성들은 미래에 다가올 그 나라에 소망을 가지고

---

32) 한규삼, 《사도행전》, 2006, p. 325.

있기 때문에, 소망 없는 사람들과는 행동의 차원이 다른 것입니다. 그리스도인들은 똑같이 아프고, 똑같이 피 흘리고, 똑같이 생명을 잃어도 그 현실을 대하는 태도가 달랐습니다.

믿는 사람도 병들 수 있습니다. 믿는 사람도 사업이 망할 수 있습니다. 배고플 수 있습니다. 그러나 우리 믿는 사람은 하나님의 섭리를 믿습니다. 지금 내가 이해할 수 없더라도 선하신 하나님을 믿을진대 분명히 합력하여 선하게 이루실 줄을 믿습니다.

결국, 성령받은 제자들을 통하여 하나님 나라는 확장되었고, 우상의 도시 로마는 복음화되었습니다. 베드로와 바울과 바나바, 그리고 예수님의 다른 제자들과 초대교회 성도들은 땅끝까지 증인이 되었습니다(행 1:8). 그리고 **그 복음은 거침없이 전파되어(행 28:31) 오늘날 우리에게까지 전진했습니다.**

2) 지금도 사도행전이 계속되고 있습니다: 복음의 거침없는 전진

기록된 사도행전은 28장으로 종결되었습니다. 그러나 예수님을 따르는 제자들의 행전은 계속되고 있습니다. 성령은 우리들 가슴속에서 역사하시기 때문입니다. 성령은 여전히 활동하고 계십니다. 복음의 전진을 위해 바울과 함께하시고, 빌립과 함께하시고, 스데반과 함께하셨습니다. 그 성령님이 지금도 일하고 계십니다. 지구 곳곳에서 성령과 함께 복음의 전진을 위해 분투하는 예수님의 제자들이 많이 있습니다.

저자 누가는 사도행전을 기술하면서 단순한 선교 역사를 쓰는 것이 아니었습니다. 그는 성령님의 이야기를 우리에게 전해줍니다. 여러분과 제 안에서 역사하시는 성령님의 이야기를 쓰고 있습니다. 그 성령은 저와 여러분을 통하여 활동하고 계십니다. 성령님은 초대교회 가운데서 활동하셨고, 21세기에도 교회 가운데서 활동하고 계십니다.

이제 누가가 데오빌로에게 본서를 보낸 지 거의 2천 년이 지났습니다. 여전히 사탄의 방해와 핍박이 있었습니다. 사탄은 수많은 유혹의 세력도 보냈습니다. 그리고 교회의 타락과 무능함과 비겁함도 있었습니다. 그럼에도 불구하고 성령의 역사 가운데 지금도 복음은 아프리카로, 남미로, 사회주의 국가로 거침없이 전진하고 있습니다.

LA 롱비치에 가면 '퀸 메리호'가 있습니다. 과거에 호화 여객선이었던 그 배가 2차 대전 당시에는 군 수송선으로 썼습니다. 전시에는 모든 물자를 더 아꼈습니다. 더 많은 사람이 타기도 했습니다. 3천 명이 정원인데, 전시에는 만 오천 명까지 5배나 많은 사람이 탔습니다. 우리는 오늘날 영적 전쟁의 현장에서 살고 있습니다.

그리스도인들은 세계 복음화를 위해서 검소하고 효과적인 삶을 살아야 합니다. 그리스도인은 낭비된 삶을 버리고 절약해서 주 예수와 하나님 나라를 위해 투자하는 삶, 전투하는 삶을 살아야 할 것입니다.

언제까지 사도행전이 계속될까?

주님 오시는 그날까지 예수 제자의 행전은 계속될 것입니다. 바울은 누가가 말한 2년(이태) 후에 석방되었을까요?(행 28:30) 그는 석방

됩니다. 석방된 후에 약 2년간 여행을 합니다. 바울은 자신의 삶을 이렇게 정리합니다.

> "나는 선한 싸움을 싸우고 나의 달려갈 길을 마치고 믿음을 지켰으니 이제 후로는 나를 위하여 의의 면류관이 예비되었으므로"(딤후 4:7-8).

바울은 선한 싸움을 다 싸웠고 달려갈 길을 다 달렸고, 믿음을 지켰다고 말합니다.

그 후에 체포되어 유죄판결을 받고 주후 64년경에 순교합니다. 주님이 예비하신 의의 면류관은 바울에게만 아니라 주님 오심을 기다리는 모든 성도들에게도 주실 것입니다(딤후 4:8). 저와 여러분이 주님 앞에 설 때에 다 면류관 하나씩 받아서 머리에 쓸 수 있게 되기를 바랍니다.

결론 | 기록된 사도행전은 오래전에 완성되었습니다. 그러나 예수님을 따르는 자들의 행전(acts)은 주님이 다시 오실 그때, 세상 끝날까지 계속될 것입니다. '마라나타! 주님 어서 오시옵소서!' 성령이 역사하는 복음은 저와 여러분을 통하여 세상 끝까지 퍼져나갈 줄 믿습니다. 아멘!

기도 | 성령이여, 충만히 임하소서. 지혜와 능력을 충만하게 하소서. 계속되는 사도행전의 주역이 되게 하시고, 거침없이 복음이 온 세계에 전파되는 것을 매일의 삶 가운데 경험하게 하소서. 예수 그리스도의 이름으로 기도합니다. 아멘.

주요 참고문헌

Bosch, David J. *Witness to the World: The Christian Mission in Theological Perspective*, Atlanta: John Knox, 1980.

______, *Transforming Mission: Paradigm Shifts in Theology of Mission*. Maryknoll, NY: Orbis Books, 1991.

Han, Jae Hyun, *Prayer Concerning Mission in Luke-Acts*, Th.M. thesis, Fuller Theological Seminary, 1996.

______, *The Role of Prayer in the Work of Missionary Church*, Fuller Theological Seminary, 2002.

김득중, 《사도행전 연구》, 도서출판 나단, 1991.

존 스토트, 《사도행전 강해: 땅끝까지 이르러》, IVP출판사, 1992.

존 파이퍼, 《여호와를 기뻐하라》(Desiring God Ministries), 생명의말씀사, 2003.

한규삼, 《세상을 바꾼 부흥 공동체》, 아가페 출판사, 2000.

______, 《사도행전》, 생명의말씀사, 2006.

______, "사도행전을 엮는 몇 가지 주제들", 《사도행전》, 두란노, 2003.

한철호, 랄프 윈터, 스티븐 호돈, 《퍼스펙티브스 1, 2》, 예수전도단, 2010.

열린다! 사도행전

1판 1쇄 인쇄 _ 2023년 5월 26일
1판 1쇄 발행 _ 2023년 6월 2일

지은이 _ 한재현
펴낸이 _ 이형규
펴낸곳 _ 쿰란출판사

주소 _ 서울특별시 종로구 이화장길 6
편집부 _ 745-1007, 745-1301~2, 743-1300
영업부 _ 747-1004, FAX 745-8490
본사평생전화번호 _ 0502-756-1004
홈페이지 _ http://www.qumran.co.kr
E-mail _ qrbooks@daum.net / qrbooks@gmail.com
한글인터넷주소 _ 쿰란, 쿰란출판사
페이스북 _ www.facebook.com/qumranpeople
인스타그램 _ www.instagram.com/qrbooks
등록 _ 제1-670호(1988.2.27)
책임교열 _ 김영미·신영미

 ISBN 979-11-6143-840-5 93230